全国交通土建高职高专规划教材

# 道路工程计算机绘图
Daolu Gongcheng Jisuanji Huitu

曹雪梅　汪谷香　主编
陈美华[湖南大学]　主审

人民交通出版社

## 内 容 提 要

本书以 AutoCAD 中文版软件为平台,针对道路工程领域的制图内容,结合工程实例讲述了使用 AutoCAD 软件的基本操作以及使用 AutoCAD 完成道路工程图样的绘制、编辑修改、标注、打印的方法和技巧。本书以学习任务为主线,采用了大量道路工程制图实例,并将工程实例引入操作命令中,有针对性地选择了大量练习题,具有较强的可操作性。

本书共分七个模块:道路工程计算机绘图概述,AutoCAD 的工作界面及其基本操作,点、线及几何图形的绘制,几何体的绘制,图形的编辑,图形的输出,道路工程专业图的绘制。

本书为全国交通土建高职高专规划教材,可供高职、中职院校道路桥梁工程技术专业及相关专业师生使用,亦可供相关工程技术人员学习参考。

**图书在版编目(CIP)数据**

道路工程计算机绘图:计算机绘图版/曹雪梅,汪谷香主编.—北京:人民交通出版社,2013.10
全国交通土建高职高专规划教材
ISBN 978-7-114-10647-7

Ⅰ.①道… Ⅱ.①曹…②汪… Ⅲ.①道路工程—工程制图—计算机制图—高等职业教育—教材 Ⅳ.
①U412.5-39

中国版本图书馆 CIP 数据核字(2013)第 111063 号

全国交通土建高职高专规划教材

| | |
|---|---|
| 书　名: | 道路工程计算机绘图 |
| 著 作 者: | 曹雪梅　汪谷香 |
| 责任编辑: | 卢仲贤　袁 方　王绍科 |
| 出版发行: | 人民交通出版社股份有限公司 |
| 地　　址: | (100011)北京市朝阳区安定门外外馆斜街3号 |
| 网　　址: | http://www.ccpress.com.cn |
| 销售电话: | (010)59757973 |
| 总 经 销: | 人民交通出版社股份有限公司发行部 |
| 经　　销: | 各地新华书店 |
| 印　　刷: | 北京市密东印刷有限公司 |
| 开　　本: | 787×1092　1/16 |
| 印　　张: | 12.75 |
| 字　　数: | 320 千 |
| 版　　次: | 2013 年 10 月　第 1 版 |
| 印　　次: | 2019 年 12 月　第 3 次印刷 |
| 书　　号: | ISBN 978-7-114-10647-7 |
| 定　　价: | 36.00 元 |

(有印刷、装订质量问题的图书由本社负责调换)

# 全国交通土建高职高专规划教材编审委员会

**主 任 委 员** 张洪滨(吉林交通职业技术学院)

**副主任委员** (按姓氏笔画为序)

| | |
|---|---|
| 田　平(河北交通职业技术学院) | 刘　志(贵州交通职业技术学院) |
| 刘建明(青海交通职业技术学院) | 陈方晔(湖北交通职业技术学院) |
| 李加林(广东交通职业技术学院) | 李全文(四川交通职业技术学院) |
| 陆春其(江苏省无锡交通高等职业技术学校) | 张润虎(贵州交通职业技术学院) |
| 钟建民(山西交通职业技术学院) | 俞高明(安徽交通职业技术学院) |
| 郭发忠(浙江交通职业技术学院) | 彭富强(湖南交通职业技术学院) |

**委　　员** (按姓氏笔画为序)

| | |
|---|---|
| 王丰胜(安徽交通职业技术学院) | 王　彤(辽宁交通高等专科学校) |
| 王连威(吉林交通职业技术学院) | 王海春(青海交通职业技术学院) |
| 王常才(安徽交通职业技术学院) | 王穗平(河南交通职业技术学院) |
| 孙元桃(宁夏交通学校) | 曹孝柏(湖南城建职业技术学院) |
| 刘福明(南昌工程学院) | 李中秋(河北交通职业技术学院) |
| 杨　平(四川交通职业技术学院) | 李仕东(鲁东大学交通学院) |
| 付清华(甘肃交通职业技术学院) | 沈建康(徐州建筑职业技术学院) |
| 张保成(内蒙古大学交通学院) | 张美珍(山西交通职业技术学院) |
| 杨晓丰(黑龙江工程学院) | 张铁成(广东同望科技股份有限公司) |
| 吴继锋(江西交通职业技术学院) | 阿巴克力(维)(新疆交通职业技术学院) |
| 周传林(南京交通职业技术学院) | 金仲秋(浙江交通职业技术学院) |
| 周志坚(福建交通职业技术学院) | 金　桃(贵州交通职业技术学院) |
| 易　操(湖北城市建设职业技术学院) | 姚　丽(辽宁交通高等专科学校) |
| 赵树青(山东交通职业学院) | 高占云(呼和浩特职业学院) |
| 晏　杉(云南交通职业技术学院) | 郭秀芹(山东省公路高级技工学校) |
| 夏连学(河南交通职业技术学院) | 栗振锋(太原科技大学) |
| 梁金江(广西交通职业技术学院) | 曹雪梅(四川交通职业技术学院) |
| 程兴新(陕西省交通厅交通工程定额站) | 彭　芳(内蒙古河套大学) |
| 谢远光(重庆交通职业技术学院) | 裴俊华(甘肃林业职业技术学院) |
| 薛安顺(陕西交通职业技术学院) | 朱小辉(内蒙古交通职业技术学院) |

**秘 书 长** 卢仲贤(人民交通出版社)

# 总　　序

　　针对高职高专教材建设与发展问题,教育部在《关于加强高职高专教材建设的若干意见》中明确指出:先用 2 至 3 年时间,解决好高职高专教材的有无问题。再用 2 至 3 年时间,推出一批特色鲜明的高质量的高职高专教育教材,形成**一纲多本、优化配套**的高职高专教育教材体系。

　　2001 年 7 月,由人民交通出版社发起组织,15 所交通高职院校的路桥系主任和骨干教师相聚昆明,研讨交通土建高职高专教材的建设规划,提出了 28 种高职高专教材的编写与出版计划。后在交通部科教司路桥工程学科委员会的具体指导下,在人民交通出版社精心安排、精心组织下,于 2002 年 7 月前完成了 28 种路桥专业高职高专教材出版工作。

　　这套教材的出版发行,首先解决了交通高职教育教材的有无问题,有力支持了路桥专业高职教育的顺利发展,也受到了全国各高职院校的普遍欢迎。

　　随着高职教育教学改革的深入发展、高职教学经验的丰富与积累,以及本行业有关技术标准、规范的更新,本套教材在使用了 2 至 3 轮的基础上,对教材适时进行修订是十分必要的,时机也是成熟的。

　　2004 年 8 月,人民交通出版社在新疆乌鲁木齐召开了有 19 所交通高职院校领导、系主任、骨干教师共 41 人参加的教材修订研讨会。会议商定了本套教材修订的基本原则、方法和具体要求。会议决定本套教材更名为"交通土建高职高专统编教材",并成立了以吉林交通职业技术学院张洪滨为主任委员的"交通土建高职高专统编教材编审委员会",全面负责本套教材的修订与后续补充教材的建设工作。

　　2005 年 6 月,编委会在长春召开了同属交通土建大类、与路桥专业链接紧密的"工程监理专业、工程造价专业、高等级公路维护与管理专业"主干课程教材研讨会,正式规划和启动了这三个专业教材的编写出版工作。

　　2005 年 12 月,教育部高等教育司发布了"关于申报普通高等教育'十一五'国家级规划教材"选题的通知(教高司函[2005]195 号),人民交通出版社积极推荐本套教材参加了"十一五"国家级规划教材选题的评选。

　　2006 年 6 月,经教育部组织专家评选、网上公示,本套教材中有十五种入选为"十一五"国家级规划教材,2008 年 1 月,又有六种教材在"十一五"国家级规划教材补报中列选,共计 21 种,标志着广大参与本套教材编写的教师的辛勤劳动得到了社会的认可、本套教材的编写质量得到了社会的认同。

　　2006 年 7 月,交通土建高职高专统编教材编审委员会及时在银川召开会议,有 24 所各省区交通高职院校或开办有交通土建类专业的高等学校系部主任、专业带头人、骨干教师以及人民交通出版社领导共 39 位代表出席了本次会议。会议就全面落实教育部"十一五"国家级规划教材的编写工作进行了研讨。与会代表一致认为必须以入选的十五种国家级规划教材为基本标准,进一步全面提升本套教材的编写质量,编审委员会将严格按照国家级规划教材的要求审稿把关,并决定本套教材更名为"**全国交通土建高职高专规划教材**",原编委会相应更名为"**全国交通土建高职高专规划教材编审委员会**"。以期在全国绝大多数交通高职院校和开办有交通土建类专业的高等院校的参与、统筹、规划下，本套教材中有更多的进入"十一五"国家级规划教材行列。

2007年5月，编委会在湖南长沙召开工作会议，就"十一五"国家级规划教材主参编人员的确定和教材的编写原则作出了具体安排，全面启动"十一五"国家级规划教材的编写与出版工作。

2008年4月，编委会在广东珠海召开工作会议，研讨了"**工学结合**"高职高专教材编写思路，决定在"十一五"国家级规划教材编写过程中，注重高职教学改革新方向，注重工程实践经验的引入，倡导"**工学结合**"。

2010年9月和2011年8月，编委会分别在北京和大连召开研讨会，就申报"十二五"国家级规划教材、2007年以来公路工程行业标准规范的变动、"工学结合、校企合作"职教改革的方向做了深入讨论。会议决定从2012年起，对本套教材进行全面修订改版。

本套高职高专规划教材具有以下特色：

——顺应交通高职院校人才培养模式和教学内容体系改革的要求，按照专业培养目标，进一步加强教材内容的针对性和实用性，适应学制转变，合理精简和完善内容，调整教材体系，贴近模块式教学的要求；

——实施开放式的教材编审模式，聘请高等院校知名教授和生产一线专家直接介入教材的编审工作，更加有利于对教材基本理论的严格把关，有利于反映科研生产一线的最新技术，也使得技能培训与实际密切结合；

——全面反映2007年以来的公路工程行业已颁布实施的新标准、规范；

——服务于师生、服务于教学，重点突出，逐章均配有思考题或习题，并给出本教材的参考教学大纲；

——注重学生基本素质、基本能力的培养，教材从内容上、形式上力求更加贴近实际；

——为加强学生的实际动手能力，针对《工程测量》《道路建筑材料》等课程，本套教材特别配套有实训类辅导教材；

——为方便教学，本套教材配套有《道路工程制图多媒体教材》《公路工程试验实训多媒体教材》《路基路面施工与养护技术多媒体教材》《桥涵设计多媒体教材》《桥涵施工技术多媒体教材》《现代道路测量仪器与技术多媒体教材》等。

本套教材的出版与修订再版，始终得到了交通部科教司路桥工程学科委员会和全国交通职教路桥专业委员会的指导与支持，凝聚了交通行业专家、教师群体的智慧和辛勤劳动。愿我们共同向精品教材的目标持续努力。

向所有关心、支持本套教材编写出版的各级领导、专家、教师、同学和朋友们致以敬意和谢意。

全国交通土建高职高专规划教材编审委员会<br>
人民交通出版社<br>
2012年5月

# 前 言

随着计算机技术的迅速发展和道路测设新技术、新手段的不断涌现,特别是当前计算机硬件和软件系统已经达到了很高的水平,使道路设计工作逐渐向自动化、智能化方向发展,大大提高了道路工程设计效率。同时,计算机的普及也促进了 AutoCAD 在道路工程设计中的广泛应用,越来越多的人都认识到了 AutoCAD 在道路工程设计中的重要性和便捷性,AutoCAD 也已成为道路与桥梁工程技术专业教学的一门重要课程。计算机绘图的趋势要求道路与桥梁工程技术等土木类专业学生在学习完"道路工程制图"和相关专业课程的基础上,必须学习并熟练掌握使用 AutoCAD 绘图的相关知识和操作技能,才能跟上当今土木工程的设计潮流。

道路工程制图与其他工程制图相比,有很多特殊的线型、构造、图例和标注等。本书针对道路工程制图的这些特征,采用了大量典型的道路与桥梁工程图例来进行介绍,并尽可能将命令的讲解融入典型图例的绘制过程中。结合道路与桥梁工程的平面图、纵断面图、结构图、钢筋构造图等,介绍了使用 AutoCAD 完成道路与桥梁工程制图的步骤和要点、可能出现的问题与解决方法等。对于常用的 AutoCAD 命令,本书均从其调用方式、功能和操作要点几个方面进行详细介绍,并在每一项目后都选编了大量有针对性并且与道路工程紧密联系的习题,可以有效地帮助学生巩固所学内容。

本书以 AutoCAD 中文版软件为平台,针对道路工程领域的制图内容,结合工程实例讲述了使用 AutoCAD 软件的基本操作以及使用 AutoCAD 完成道路工程图样的绘制、编辑修改、标注、打印的方法和技巧。本书以学习任务为主线,采用了大量道路工程制图实例,并将工程实例引入操作命令中,并有针对性地选择了大量练习题,具有较强的可读性和可操作性。

本书共分七个模块:道路工程计算机绘图概述,AutoCAD 的工作界面及其基本操作,点、线及几何图形的绘制,几何体的绘制,图形的编辑,图形的输出,道路工程专业图的绘制。

本书为全国交通土建高职高专规划教材,可供高职、中职院校道路桥梁工程技术专业及相关专业师生使用,亦可供相关工程技术人员学习参考。

参加本书编写工作的有四川交通职业技术学院曹雪梅(项目五、项目六、项目七)、湖南交通职业技术学院汪谷香(项目一、项目二、项目三、项目四)。本书由曹雪梅统稿,曹雪梅、汪谷香担任主编,湖南大学陈美华担任主审。

了解 AutoCAD 并不难,精通它则很不易。要想应用 AutoCAD 高效率、高质量地绘图,必须非常熟悉 AutoCAD 的操作,并做大量的绘图练习。因此,我们希望读者拿到这本书后细心研读,并拿出大量时间上机练习,其间要特别注意细心体会,总结经验,琢磨技巧。经过一段时间的实践,AutoCAD 一定会成为您得心应手的绘图工具。

由于作者水平有限,本书难免存在不妥之处,恳请读者批评指正。

编 者

2013 年 4 月

# 目 录

项目一 道路工程计算机绘图概述 ·············································· 1
  任务一 了解公路 CAD 的概况 ·············································· 1
  任务二 认识 CAD 系统的组成 ·············································· 7
  任务三 了解本课程的学习目标、任务及方法 ·············· 11

项目二 AutoCAD 的工作界面及其基本操作 ·············· 12
  任务一 认识 AutoCAD 工作界面 ·············································· 12
  任务二 学习 AutoCAD 200X 的基本操作 ·············· 22

项目三 点、线及几何图形的绘制 ·············································· 31
  任务一 使用坐标和辅助工具精确绘制直线 ·············· 31
  任务二 绘制矩形 ·············································· 37
  任务三 绘制多段线构成的平面图形 ·············································· 44
  任务四 样条曲线的绘制 ·············································· 52
  任务五 圆、圆弧、椭圆的绘制 ·············································· 57
  任务六 使用点等分对象 ·············································· 61

项目四 工程构造物的绘制 ·············································· 70
  任务一 用构造线绘制三面投影图 ·············································· 70
  任务二 用图层绘制涵洞一字墙洞口三面投影图 ·············· 73
  任务三 桥墩图的绘制 ·············································· 81
  任务四 绘制纵断面图的资料部分 ·············································· 89
  任务五 U 形桥台尺寸标注 ·············································· 93
  任务六 轴测投影图的绘制 ·············································· 108
  任务七 U 形桥台的三维建模 ·············································· 111

项目五 图形的编辑 ·············································· 128
  任务一 形成圆弧连接关系 ·············································· 128
  任务二 调整图形的位置及倾斜方向 ·············································· 134
  任务三 改变图形对象的形状 ·············································· 138
  任务四 缩放图形对象 ·············································· 143

项目六 图形的输出 ·············································· 151
  任务一 认识模型空间与图纸空间 ·············································· 151
  任务二 在图纸空间中创建打印布局 ·············································· 153

  任务三 图形的打印输出 …………………………………………………………… 158
**项目七 道路工程专业图的绘制** …………………………………………………… 163
  任务一 绘制工程图的基础工作 ……………………………………………………… 163
  任务二 道路路线工程图的绘制 ……………………………………………………… 166
  任务三 路基、路面及排水防护工程图 ………………………………………………… 172
  任务四 路线平面交叉图及标志标牌设计图 …………………………………………… 175
  任务五 桥梁工程制图 ………………………………………………………………… 177
**参考文献** …………………………………………………………………………………… 194

# 项目一　道路工程计算机绘图概述

 **学习要点**

1. 公路 CAD 基本概念及其发展概况、发展趋势。
2. 公路 CAD 对计算机软硬件的要求。
3. 本课程的学习目标、任务及方法。

## 任务一　了解公路 CAD 的概况

CAD(Computer Aided Design)是计算机辅助设计的简称。公路 CAD 是公路计算机辅助设计的简称,它又包括道路工程计算机辅助设计和桥梁工程计算机辅助设计两个方向,其中道路工程计算机辅助设计涉及路线、路基工程、路面工程、桥涵工程、交通设施等的设计,而桥梁工程计算机辅助设计则包括桥梁的总体设计、结构分析与设计、荷载分析计算等。

### 一、计算机辅助设计的发展

计算机辅助设计(CAD)是随着计算机技术和计算机设备的飞速发展而产生的一门新兴学科,它是建立在近代计算机软、硬件技术和工程技术基础之上的交叉学科。最近十几年,CAD 技术及其应用得到了迅猛发展,已广泛进入了各个设计领域,并对传统的设计方法提出了严峻的挑战。在很多领域,CAD 已经部分或全部取代了手工设计,成为利用计算机辅助人工进行最佳工程设计的重要手段。CAD 技术是一场深刻的技术革命,自 1963 年 MIT(麻省理工学院)的一位研究生首次提出 CAD 的概念至今,世界上发达国家都为此投入了大量的人力和物力,计算机辅助设计水平已经成为一个国家科学技术进步的标志之一。

目前,CAD 技术已在各项工程设计领域的各个阶段得到广泛应用,显著提高了公路设计的质量,加快了设计进度,使工程建设项目达到方案优、投资省、工期短、效益好的要求。

作为计算机技术应用的重要领域之一,CAD 技术是伴随着计算机技术的发展而逐步成熟、完善的,其发展过程大致可以分为以下四个阶段。

1. 第一代 CAD 系统

该阶段处于 20 世纪 60 年代,为大型机 CAD 阶段。其典型硬件设备为大型计算机、刷新式随机扫描图形显示器和光笔,图形支撑软件为二维图形系统。由于当时硬件设备价格昂贵,软件研制不完善,CAD 技术实质上还处于试验阶段。典型的 CAD 系统有美国通用汽车公司的 DAC-I 系统和美国洛克希德公司的 CADAM 系统,分别用于汽车业和航空业。由于这一阶段的电子计算机还不具备实用的图形处理功能,计算机在公路设计中的应用,只局限于解决单纯的计算问题,如平面和纵断面几何线形的计算,横断面设计和土石方工程量的计算以及输出设计数据表等。

2. 第二代 CAD 系统

该阶段处于 20 世纪 60 年代末至 70 年代末，为小型机 CAD 阶段。其典型硬件设备为小型计算机、存储管式图形显示器和图形输入板，图形支撑软件同样基于二维图形系统，但增加了非几何数据处理和数据库管理功能。这个时期，硬件设备和 CAD 技术都得到了较快发展，CAD 进入到应用阶段。计算机的发展促使结构分析软件迅速发展，特别是随着大型通用有限元程序的出现，使长期困扰固体力学、结构力学领域的大量问题得以解决。它除了可以求解各种线边值问题之外，还具备解决各类非线性结构问题的能力，这使那些在过去对广大结构工程人员来说可望而不可即的各类非线性结构问题相继得到了满意的解决，并达到实用化、工程化。这一阶段 CAD 技术凭借其功能强大、使用方便、计算可靠、效率高的优点而逐渐成为结构工程领域强有力且不可缺少的分析工具，并在全球得到迅速的推广和普及。

3. 第三代 CAD 系统

该阶段处于 20 世纪 70 年代末至 90 年代，为微机与工作站 CAD 阶段。其典型硬件设备为微机(工作站)、光栅扫描图形显示器、绘图仪、图形输入装置，图形支撑软件为三维图形系统。这期间，计算机硬件的性能不断提高，价格大幅下降，使用越来越方便，很大程度上拓宽了 CAD 的应用范围，使 CAD 广泛应用于各个设计领域，出现了一批实用的 CAD 系统，是 CAD 高速发展的阶段。典型的 CAD 系统有美国 Autodesk 公司推出的 AutoCAD 和 Bentley 公司的 MicroStation。这两个系统由于具有良好的工作界面、强大的图形功能、方便的交互设计功能以及灵活的用户定制和二次开发功能，而被广泛应用于机械、土建、电子、航天、航空、造船、石化、冶金等各个领域。

这一阶段的道路 CAD 技术发展更成熟，并逐步走向系统化、集成化和商品化阶段。很多国家已建立了由航测设备、计算机(包括计算机主机、绘图机、数字化仪等硬件)和专用的公路、桥梁工程设计软件包组成的集成系统，并作为商品软件推向市场，在道路工程设计中发挥了极大作用。这些系统往往包含从数据采集、建立数字地形模型、优化设计以及进行道路设计的全套计算，到绘图和表格编制的完整过程，并都有极为成功的图形环境作为支撑。同时，这一阶段的道路 CAD 系统在人机交互、可视化技术等方面都有了很大的发展，具有交互能力强、运行速度快、使用灵活方便等突出优点。如德国的 CARD/1、英国的 MOSS 和美国 Intergraph 公司推出的 INROADS 等道路 CAD 系统，均是结构完整、功能强大且商品化程度很高的软件，在国际市场上占有较大的份额。

4. 第四代 CAD 系统

该阶段从 20 世纪 90 年代至今，随着用户界面技术的发展，尤其是图形用户界面 GUI (Graphics User Interface)的普遍使用，显著提高了 CAD 的易用性。CAD 技术与数据库技术、网络技术、人工智能技术紧密结合，使 CAD 系统向着网络化和智能化方向发展。三维曲面和实体几何造型技术的发展和应用，可以实时显示设计成果的三维模型，使 CAD/CAM (Computer Aided Manufacturing)的信息集成，使工程和产品的设计、生产、管理一体化成为可能。

伴随着多媒体技术、网络技术和可视化技术的发展，这一阶段的道路 CAD 系统以更新、更先进的面貌出现在人们面前。在数据采集方面，GPS(全球定位系统)、数字摄影测量、遥感地址解释等新技术、新设备、新理论在道路设计中的应用，使传统的工程勘测、设计手段发生了巨大的变革，使实现工程设计所必需的原始地形数据采集的自动化成为可能，道路与桥梁的设计也将逐步由计算机辅助设计向自动化设计过渡。

## 二、CAD 的目的与意义

工程设计中,繁杂的设计工作可归纳为两类:创造性工作和重复性工作。创造性工作是指研究和分析方面的工作,重复性工作则主要是指大量繁琐的运算和绘图。

CAD 技术产生以前,整个设计工作都是由人来完成。CAD 实现了人与计算机的有机结合,充分发挥设计者的思维能力和创造能力,利用计算机高速准确的计算、大容量的数据存储、准确的逻辑判断以及直观的图形显示特长,由设计者从事创造性工作,计算机完成重复性工作,从而减轻了人的工作强度,提高了工作效率,实际拓展了设计者的能力。这种将人和计算机结合起来所组成的合成系统,其能力应超过各组成部分的总和,称之为协同效应。

一般情况下,应用 CAD 技术可取得以下效果:

(1)缩短设计周期。计算机处理速度快,可不间断工作,能提高分析计算速度,解决复杂的计算问题;通过直观地了解设计对象,可减少综合分析时间;可大幅度提高绘图效率;可以大大提高设计效率,缩短设计周期。

(2)提高设计质量。利用计算机准确的计算和逻辑判断能力,可进行周密的工程分析,提供多种可选择的设计方案;可以减少设计误差,便于修改设计;利用计算机得到清晰、规范的设计图纸和文档,便于校核和修改,有效防止手工绘图过程中各种错误的产生,从而提高设计质量。

(3)促进设计规范化和标准化。CAD 技术的广泛应用可以使设计方法、设计文档和制图标准得到统一;计算机生成的规范设计图纸和文档可改进各专业设计间的信息传递;通过建立统一数据库,实现信息共享,可促进设计的规范化和标准化。

(4)降低设计成本。CAD 系统可帮助设计者提高设计效率和设计质量,随着设计劳务费的日趋提高及计算机性能价格比不断改善,应用 CAD 系统可降低设计劳务费用,取得明显的经济效益。

## 三、CAD 在土木工程中的运用

土木工程是建造各类工程设施的科学技术的总称,它既指工程建设的对象,即建在地上、地下、水中的各种工程设施,也指所应用的材料、设备和所进行的勘测设计、施工、保养、维护等技术。土木工程所包含的内容极为广泛,而且种类繁多。常见的土木工程一般可以分为基础工程、建筑工程、道路工程、铁路工程、桥梁工程、机场工程、港口工程、隧道和地下工程、水利水电工程以及给排水工程等。

土木工程是 CAD 技术应用最早、发展最快的领域。目前,我国工程设计已普遍采用计算机绘图和设计,全面实施了国务院提出的"CAD 应用工程",甲、乙级设计企业计算机出图率达到 100%。CAD 技术已成为土木工程设计不可缺少的工具和手段,并贯穿于工程的规划、设计和施工管理等全过程,取得了缩短设计工期、提高设计质量、降低设计成本的显著效果。随着人工智能技术、多媒体技术、科学计算可视化技术以及网络技术的迅猛发展和广泛应用,土木工程计算机应用的范围和深度不断扩展。土木工程 CAD 正在向着智能化、集成化和网络化的方向发展,实现异地设计、协同工作、信息共享已近在咫尺,信息化施工正受到广泛的重视。

一般土木工程的建设都要经过规划、设计、施工几个阶段,建成以后进入维护管理阶段。目前 CAD 技术已用于规划、设计、施工、维护管理等各个阶段。

1. 规划阶段的应用

对于任何工程项目,规划工作十分重要,其主要任务包括项目可行性分析、方案设计等。规划中需要综合考虑诸多因素,例如,土地利用、经济、交通、景观、法律等社会经济因素,资源、气象、地质、地形、水流等自然因素,以及耗能、污染、绿化等环境因素。规划工作实际上是一个决策过程,其中人始终是决策主体,将CAD技术与人工智能、GIS(地理信息系统)技术结合起来,可以辅助支持决策过程,从而提高决策水平。

应用于规划阶段的CAD系统主要有以下三类:

(1)规划信息管理系统。用于规划信息的存储、查询和管理,包括地理信息管理系统、资源信息系统、规划政策信息系统等。

(2)规划决策支持系统。用于提供城市、地域乃至工程项目建设规划的方案制订和决策支持,包括规划信息分析系统、规划方案评估系统等。

(3)规划设计系统。用于展示规划的表现和效果,包括规划总图设计系统、景观表现系统、交通规划系统等。

2. 设计阶段的应用

土木工程的设计过程是指工程项目在完成可行性研究和投资决策后,从设计准备开始,直到完成施工图设计的过程。对于一般工程设计项目而言,土木工程设计包括方案设计、初步设计、技术设计和施工图设计等阶段。

目前,在土木工程领域,对应各专业工程的各阶段设计都有相应的CAD系统。应用比较广泛的是对应于各设计过程或不同结构类型的CAD系统。这类系统针对某一设计环节或任务,具有功能齐全、操作方便的特点。但为完成一项设计需要使用多个系统,导致大量数据重复输入,影响了设计效率。随着CAD技术的发展,面向设计全过程的集成化CAD系统日趋成熟,得到了应用和推广。集成化CAD系统实现了各阶段设计的信息共享,避免了数据重复输入,极大地提高了CAD系统的效率和水平。

CAD技术在土木工程设计中的应用主要包括以下几个方面:

(1)建筑工程设计。包括建筑设计、结构设计以及安装工程设计。其中,建筑设计包括三维造型、建筑渲染、平面布景、建筑构造、小区规划、日照分析、室内装潢等设计;结构设计包括结构选型、有限元分析、结构设计、施工图绘制等设计;安装工程设计包括水、电、暖通等各种设备及管道设计。

(2)城市规划和市政工程设计。包括城市道路、高架桥、轻轨、地铁、市政管网设计等。

(3)交通工程设计。包括公路、桥梁、铁路、机场、港口、码头等工程设计。

(4)水利水电工程设计。包括大坝、水渠、水利枢纽、河海工程设计等。

3. 施工阶段的应用

土木工程施工一般包括投标报价、施工组织、资源调配、具体施工及工程进度管理、工程验收等环节。目前,CAD技术已经广泛应用于施工过程的各个环节,具体包括以下几个方面:

(1)工程施工技术。包括基坑支护设计系统、模板设计系统、脚手架设计系统、混凝土工程计算软件、钢筋下料计算软件、冬季施工的热工计算软件等。

(2)工程施工管理。包括施工组织设计系统、工程项目管理系统、工程造价管理系统、工程质量管理系统、施工安全管理系统、施工设备管理系统、工程材料管理系统、施工人力资源管理系统等。

(3)施工企业管理。投标报价、合同管理、工程概预算、网络计划、人事工资以及财务管理等方面的专业软件已得到广泛应用,在项目管理、企业信息化综合管理方面也已经起步。

随着建设领域信息化的发展,虚拟建造技术以及信息化施工技术在工程施工中都得到了研究和应用,这将进一步提高工程施工技术和管理的现代化水平。

4. 维护管理阶段的应用

维护管理包括工程的定期检测,维修加固的规划、设计和施工。CAD 技术主要用于检测信息和维护检查结果的存储管理及分析评估、维修和加固的方案制订、设计计算和施工图绘制等。当前的研究和应用方向是综合结构安全性、材料耐久性分析以及灾害研究,对工程在使用阶段的功能及安全进行预测分析和追踪管理。

## 四、我国公路 CAD 的发展

我国公路 CAD 的研究始于 20 世纪 70 年代后期,虽然起步较晚,但发展迅速。

自 1979 年起,同济大学、长安大学、重庆交通学院、重庆公路研究所、交通部第二公路勘察设计院等单位先后对公路的纵断面优化技术、平面及空间线形优化技术等进行了研究,开发了各自的优化设计程序。这些程序经试算,证明其优化效果是令人满意的,但优化设计中目标函数的确定,如反映公路几何线形、工程造价与汽车的行驶时间、燃油消耗以及运营费用等主要因素之间的数学模型等,还不易客观真实地得到,这使得对方案的优化缺乏客观、符合实际的评价尺度,影响其在实际工程设计中的应用。因此,在优化设计系统方面,还有待进一步探究。

20 世纪 80 年代以来,随着我国公路建设的高速发展,对 CAD 技术的需求不断增加,大大促进了我国公路 CAD 系统的开发与应用,许多院校、交通设计院相继开发了公路路线计算机辅助设计系统、公路中小桥 CAD 系统、涵洞 CAD 系统、城市道路 CAD 系统等道桥工程设计软件,有不少 CAD 成果已不同程度地在实际工程设计中得到应用,并在使用和推广过程中不断得到完善。国内公路 CAD 研究的内容几乎涉及公路设计的各个方面,如路线、路基、路面、桥梁、涵洞、立交、挡土墙、交通工程、规划、预可行性研究报告、工程可行性研究报告、成本效益分析、概预算、后评估、工程项目管理、监理和公路数据库等。

从 1989 年开始,由交通部组织实施的国家"七五"重点科技攻关项目"高等级公路路线综合优化和计算机辅助设计系统"(简称路线 CAD 系统 HICAD)和"高等级公路桥梁计算机辅助设计系统"(简称桥梁 CAD 系统 JT-HBCADS)的开发成功与推广应用,为我国公路行业大规模使用 CAD 技术做出了重大的贡献。

进入 21 世纪以来,我国的公路 CAD 技术基于国内已有公路 CAD 系统和当前的计算机软硬件平台,在地形数据采集(如 GPS、航测及数字测图、遥感、地面速测等)、工程数据库和系统的集成化、可视化、智能化、三维设计、动态仿真、高交互性、商品化程度上有所突破,使我国的公路 CAD 基础理论及实际应用上了一个新台阶,提高了我国公路的测设水平,加强了我国公路的测设能力,有利于逐步实现公路测设的自动化。

当前,国内有代表性的路线软件包括路线大师、纬地公路设计系统、海德路线设计系统、道路集成 CAD 系统、海地公路优化设计系统、路线与互通立交集成 CAD 系统等。桥涵设计软件包括桥梁大师、海地公路优化设计系统、桥梁通和桥梁集成 CAD 系统、桥梁博士(力学计算专用)、海特 PCV(涵洞设计专用)等。路基稳定性及挡土墙设计软件包括理正系统软件以及同济大学的"启明星"软件等。路面软件包括沥青路面设计演算软件 APDS,东南大学开发的公路路面设计系统 HPDS 等。

**五、公路 CAD 的发展趋势**

1. CAD 技术发展的总趋势

当前,计算机技术及相应支撑软件系统的发展日新月异,大大促进了 CAD 技术的发展。其发展的热点首推 CAD 系统的可视化、集成化、智能化与网络化技术。

(1)可视化。科学计算中的可视化技术(Visualization in Scientific Computing, VISC)是于 20 世纪 80 年代末提出并发展起来的一门新技术。它是利用计算机图形学和图像处理技术,将数据转换成图形或图像在屏幕上显示出来,并进行交互处理的理论、方法和技术。它能把各种数据,包括测量获得的数值、图像,或是计算中涉及、产生的数字信息,变为直观的、以图形和图像信息表示的、随时间和空间变化的物理现象或物理量呈现在研究者面前,使他们能够观察、模拟和计算。而在可视化基础上发展起来的 CAD 虚拟环境可使设计者处在自己想象的设计空间中,亲临现场似地对工程进行设计和布置,这样能够充分发挥设计者的聪明智慧,使设计质量趋于完美。可视化技术的发展满足了当前信息时代人类处理大量复杂数据的需要,也满足了研究人员和工程技术人员控制、干预计算过程和设计过程的需要。作为科学研究的新工具,可视化技术对科学的发展有着极大的推动作用,它将作为超越应用和技术界限的人类信息交流的新形式。

(2)集成化。集成(Integration)技术主要是实现对系统中各应用程序所需要的信息及所产生的信息的统一管理,达到软件资源和信息的高度共享和交换,避免不必要的重复和冗余,充分提高计算机资源的利用率。CAD 技术的集成化体现在三个层次上:其一是广义 CAD 功能,CAD/CAM/CAE/EPR/PDM 等经过多种集成形式成为企业一体化解决方案,推动信息化进程。目前创新设计能力(CAD)与现代企业管理能力(ERP、PDM)的集成,已成为信息化的重点。其二是将 CAD 技术能采用的算法做成专用芯片以提高 CAD 系统的效率。其三是 CAD 基于网络计算环境实现异地、异构系统在企业间的集成。应运而生的虚拟设计、虚拟制造、虚拟企业就是该集成层次上的应用。

(3)智能化。设计工作是一个含有高度智能的人类创造性活动,智能 CAD 是 CAD 发展的必然方向。从人类认识和思维的模型来看,现有的人工智能技术对模拟人类的思维活动(包括形象思维、抽象思维和创造性思维等多种形式)往往是束手无策的。现有的传统 CAD 系统,基本上都是采用基于算法的技术。这种基于算法的传统的 CAD 系统虽然采用的方法比较简单,处理的费用比较低廉,但处理能力局限性较大,特别是缺乏综合分析和选择、判断的能力,使用系统时常常需要具有较高专业知识和较丰富实践经验的设计人员,通过人机交互手段才能完成设计。因此,智能 CAD 不仅仅是简单地将现有的智能技术与 CAD 技术相结合,更要深入研究人类设计的思维模型,并用信息技术来表达和模拟。这样不仅会产生高效的 CAD 系统,而且必将为人工智能领域提供新的理论和方法。CAD 的这个发展趋势,将对信息科学的发展产生深刻的影响。

(4)网络化。网络技术越来越引起人们的重视,资源共享问题是网络化社会共同关注的问题之一。由于每一个用户都可以共享网络中任意位置上的资源,所以网络设计者可以全面统一地考虑各工作站上的具体配置,从而达到用最低的费用获得最好效果的目标。总之,CAD 系统的网络化建设可以根据资源需要的程度,配备尽量少的软、硬件资源,需要使用时,可以相互调用,这样使整个建网费用和网络功能的选择被控制在最佳状态。

综上所述,CAD 系统的可视化、集成化、智能化与网络化技术是当今 CAD 技术的主要发展方向。

2. 公路 CAD 技术的发展趋势

(1)CAD 软件技术的发展。公路 CAD 技术是 CAD 技术在道路、桥梁设计领域的具体应用,是伴随着 CAD 技术的发展而发展起来的。所以,公路 CAD 技术在软件、系统方面的发展也与当今国际上 CAD 技术发展方向一致,也集中在可视化、集成化、智能化与网络化技术方面。其具体内容包括三维图形仿真、多维空间显示模型、可视化、高交互性、多媒体技术、CAD 虚拟环境、集成系统的开发、工程数据库、图形支持、专家系统、神经网络模型和网络技术等方面。

(2)公路 CAD 系统功能的发展。从公路 CAD 系统对设计的支持来看,主要是向实现设计全过程的整体自动化方向发展。即将先进的测设方法、设计理论与 CAD 技术融为一体,从有效的数据自动采集,到设计、分析、计算与优化,直至最终输出设计成果,形成覆盖设计全过程的自动化设计系统是公路 CAD 系统发展的主要方向。

# 任务二　认识 CAD 系统的组成

## 一、CAD 系统的组成

CAD 系统是由设计者和 CAD 计算机系统两个重要部分组成。CAD 计算机系统是一系列计算机硬件和软件的集合,包括 CAD 硬件系统和 CAD 软件系统,如图 1-1 所示。

1. CAD 硬件系统

CAD 硬件系统是指专门用于 CAD 应用的计算机硬件,由计算机主机、常用外围设备和各种图形输入/输出设备组成,是 CAD 技术的物质基础。CAD 硬件系统组成如图 1-2 所示。

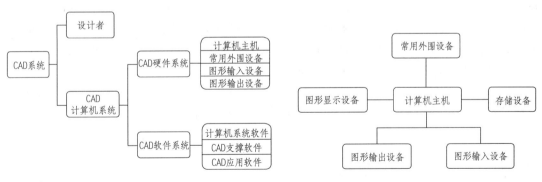

图 1-1　CAD 系统的组成　　　　　图 1-2　CAD 硬件系统组成

(1)计算机主机:用于控制和指挥整个系统运行、处理各种数据、执行实际运算和逻辑分析。为保证 CAD 系统的顺畅运行,建议采用如下硬件配置:

CPU:选择 P4 2.4GHz 或 AMD Athon64 3000+ 以上主频 CPU。

内存:512MB 以上 DDR400 双通道内存。

硬盘:80GB 以上容量,有条件可以选择串口硬盘或 SCSI 接口硬盘。

显卡:一般选择主流 64MB 以上显存显卡即可,如果需要进行比较复杂的三维建模,可以选择专业图形显卡。

光驱:选择主流光驱即可,如有需要可以选择DVD刻录光驱,以满足大容量图形文件备份的需要。

(2)常用外围设备:主要包括鼠标、键盘,用于输入字符和数字,也可以完成图形操作的特定功能。

(3)图形显示设备:用于显示图形,反馈信息。用于执行绘图等工作时,最好选择17英寸以上显示器,以便有更大的显示区域满足观察图形需要。

(4)图形输入设备:包括电子绘图仪、扫描仪等,用于与鼠标、键盘配合输入数据、图形和各种信息等。与图形显示设备相结合还可以实时修改图形。

(5)图形输出设备:包括打印机、绘图仪等,用于在图纸或其他介质上输出图形,便于实际使用。

(6)存储设备:用于存储和管理各种数据、图形资料和各种设计信息。

2. CAD 软件系统

计算机辅助设计过程中,计算机是帮助设计人员完成设计工作的工具,其效率的高低,不仅取决于计算机的硬件性能,还取决于计算机的软件资源。CAD的软件系统由计算机系统软件、CAD支撑软件和CAD应用软件组成。

(1)计算机系统软件的任务是使计算机的各个部件、相关软件和数据相互协调、高效地工作。系统软件包括操作系统、语言编译系统和服务性软件等。操作系统是一组对计算机的硬件资源和软件资源进行统一管理的程序,它对整个计算机系统起到监控、管理、调度和指挥的作用,如 Windows XP、Mac OS X 等。语言编译系统用于将高级语言编写的程序翻译成计算机能够直接执行的机器指令,包括各种计算机语言的编译程序、调试程序等。服务性软件是为用户对计算机进行操作和维护提供方便的程序,主要包括监控管理程序、故障检查程序、测试诊断程序等。

(2)CAD支撑软件是为应用软件的开发者提供一系列服务的开发工具,从而减少软件开发的工作量,缩短开发周期,也使应用软件更加易于修改和维护。本书所介绍的美国Autodesk公司开发的 AutoCAD 系统就是属于这一类的 CAD 支撑软件系统,它除了能完成基本图形的绘制、编辑等工作外,还为很多专业软件提供了支撑平台。目前所使用的大多数专业设计软件都是基于 AutoCAD 二次开发完成的。

(3)CAD应用软件。应用软件是帮助设计人员完成特定领域工作的软件,如前面提到的专门用于公路设计的海地公路优化设计系统,用于桥梁设计的桥梁大师,用于涵洞设计的海特 PCV 等。

## 二、公路 CAD 的特点与工作流程

公路 CAD 的主要工作是辅助设计人员完成公路与桥梁工程的设计工作,其内容包括设计方案的构思和形成,方案的比较和选择,工程的计算与优化,设计图表的绘制与设计文件的输出等一系列工作。从这个过程来看,公路 CAD 并不是单纯的计算分析,也不是单纯的计算机自动绘图,而是设计者的才智、经验、创造性思维与计算机高速、准确等优势的完美结合。计算机的任务实质上是进行大量的信息加工、管理和交换,也就是在设计人员初步构思、判断、决策以及提供各种规范、约束、经验等的基础上,由计算机对大量的设计数据进行检索、提取,根据设计要求进行计算分析及优化,并将设计结果以图形或表格的方式显示出来供设计人员进行决策,或采用人机交互手段反复加以修改,最终完成工程设计的过程。公

路CAD的工作过程如图1-3所示。

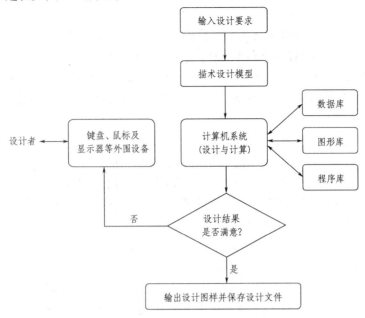

图1-3 CAD系统工作流程示意图

一个完备的公路CAD系统对计算机的要求除硬件外,还必须具备一些其他条件。

(1)工程数据库。用来存储与管理与设计有关的所有信息,如设计标准与规范、标准设计图集、地形地质等原始数据,设计原始数据,设计过程中生成的中间数据及成果数据等,并对工程设计的全过程进行支持。

(2)具有良好界面和高交互性能的图形库。能对设计过程中二维及三维图形的信息进行处理,并能在此基础上建立工程设计所需的基本图形库,快速产生设计图样,并能提供方便灵活、功能强大的图形交互设计、修改的功能。

(3)具有设计所需的工程设计、分析与绘图等各种应用程序,用以进行工程的计算、分析,生成设计图、表,完成工程设计。

## 三、AutoCAD软件简介

AutoCAD是由美国Autodesk公司于20世纪80年代初为在微机上应用CAD技术而开发的绘图程序软件包,经过不断地完善,现已经成为国际上广为流行的绘图工具。

AutoCAD可以绘制任意二维和三维图形,并且与传统的手工绘图相比,用AutoCAD绘图速度更快、精度更高,已经在航空、航天、造船、建筑、机械、电子、化工、美工、轻纺等很多领域得到了广泛应用,并取得了丰硕的成果和巨大的经济效益。

AutoCAD具有良好的用户界面,通过交互菜单或命令行方式便可以进行各种操作。它的多文档设计环境,让非计算机专业人员也能很快地学会使用,在不断实践的过程中更好地掌握它的各种应用和开发技巧,从而不断提高工作效率。

AutoCAD具有广泛的适应性,它可以在各种操作系统支持的微型计算机和工作站上运行,并支持各种图形显示设备、数字仪、绘图仪和打印机,为CAD的普及创造了条件。

AutoCAD软件从创立到现在,已经经历了28年的时间。在各个阶段,AutoCAD的侧重点都是不同的。

AutoCAD 的发展过程可分为初级阶段、发展阶段、高级发展阶段、完善阶段和进一步完善阶段。

1982—1984 年为 AutoCAD 发展的初级阶段,在这一阶段,AutoCAD 更新了五个版本:1982 年 11 月,首次推出了 AutoCAD 1.0 版本,其容量仅为一张 360kB 的软盘,无菜单,命令需要死记硬背,其执行方式类似 DOS 命令。1983 年 4 月,推出了 AutoCAD1.2 版本,具备尺寸标注功能。1983 年 8 月,推出了 AutoCAD 1.3 版本,开始具备文字对齐及颜色定义功能以及图形输出功能。1983 年 10 月,推出了 AutoCAD1.4 版本,其图形编辑功能有所加强。1984 年 10 月,推出了 AutoCAD 2.0 版本,增加了大量图形绘制及编辑功能,如 VIEW、SCRIPT 等。

1985—1987 年为 AutoCAD 发展过程中的发展阶段,在这一阶段,AutoCAD 更新了以下版本:1985 年 5 月,推出了 AutoCAD 2.17 版本和 2.18 版本,此时,AutoCAD 中出现了屏幕菜单,不再需要死记硬背命令,可直接在屏幕上调用。同时 Autolisp 粗具雏形,AutoCAD 的容量也增加到两张 360kB 软盘。1986 年 6 月,推出了 AutoCAD 2.5 版本,在这一版本中 Autolisp 有了系统化语法,使用者可改进和推广,并随之出现了基于 AutoCAD 的第三开发商的新兴行业。1986 年 11 月,推出了 AutoCAD 2.6 版本,在这一版本中新增了 3D 功能,AutoCAD 已成为美国高校的必修课。1987 年 9 月后,陆续推出了 AutoCAD 9.0 版本和 9.03 版本,在新版本中出现了状态行、下拉式菜单等新功能。从这一版本开始,AutoCAD 开始以加密方式在国外销售。

1988—1992 年是 AutoCAD 发展的高级发展阶段,在这一阶段,AutoCAD 经历了三个版本,使 AutoCAD 的高级协助设计功能逐步完善。它们是 1988 年 8 月推出的 AutoCAD 10.0 版本、1990 年推出的 11.0 版本和 1992 年推出的 12.0 版本,其中 AutoCAD R12 版本首次开始采用 DOS 与 Windows 两种操作环境,并出现了工具条,使得绘图操作更加便捷。

1996—1999 年是 AutoCAD 的完善阶段,在这一阶段,AutoCAD 经历了三个版本,并开始逐步由 DOS 平台转向 Windows 平台。1996 年 6 月,AutoCAD R13 版本问世,在这个版本中首次将 AME 高级造型扩展功能(Advanced Modeling Extension)纳入 AutoCAD 之中;1998 年 1 月,推出了划时代的 AutoCAD R14 版本,该版本适应当时最先进的 Pentium 机型及 Windows-95/NT 操作环境,并实现了与 Internet 网络连接,操作更方便,运行更快捷,首次推出的中文版本实现了中文操作;1999 年 1 月,AutoCAD 公司推出了 AutoCAD 2000 版本(AutoCAD R15),提供了更开放的二次开发环境,出现了 Vlisp 独立编程环境,同时,3D 绘图及编辑更方便。

自 2001 年起,AutoCAD 的发展进入了进一步完善阶段,在这一阶段,AutoCAD 几乎每一年推出一个新的版本,无论从功能上还是易用性上都在不断地改进和加强。2001 年 9 月,Autodesk 公司向用户发布了 AutoCAD 2002 版本,这一版本提供了以设计为中心的合作工具和标准以及展开管理功能,使用户可以与设计组密切而高效地共享信息;2003 年 5 月,Autodesk 公司推出 AutoCAD 2004 简体中文版,与它的前一版本 AutoCAD 2002 相比,AutoCAD 2004 在速度、数据共享和软件管理方面有显著的改进和提高。AutoCAD 2004 拥有轻松的设计环境,它可将用户的注意力从键盘、鼠标和其他输入设备转移到设计上来。在完成任务的自动化方面,AutoCAD 2004 还向用户提供实时的信息和数据访问功能,帮助用户进行设计。

2005 年 3 月,Autodesk 公司发布了 AutoCAD2006 版本,该版本对用户界面进行了很大的改进,它让用户能更简单地与软件交互,使用户能更注重自己的设计。

2005 年 3 月,Autodesk 公司发布了 AutoCAD 2006 版本,该版本对用户界面进行了很大的改进,它让用户能更简单的与软件交互,使用户能更注重自己的设计。

2007年3月,Autodesk公司发布了AutoCAD 2006版本,该版本改进了对象定义,图形容量更小,执行效率更高,并不再支持Windows 95/98,只能运行于纯32位的Windows NT/2000/XP或更高版本。经过多项功能增强(真彩色与渐变色填充、表格绘制、图纸集管理等)与界面改良(包含动态提示与动态输入的抬头设计),AutoCAD 2008堪称是2D制图的完美版本。同时,在AutoCAD 2008版本中,大多数的绘图和编辑命令都被增强,使绘图和编辑任务变得更加流畅。本书也将基于AutoCAD 2008向大家介绍使用AutoCAD绘制道路工程图样的方法和技巧。

## 任务三  了解本课程的学习目标、任务及方法

### 一、本课程的学习目标

本课程是在学习"道路工程制图"等专业基础课的基础上,培养学生基本的计算机图形绘制、修改等技能,能利用通用图形软件AutoCAD完成公路路线、路基路面、桥涵结构物等相关道桥工程设计图的绘制,能绘制简单的三维图形,具备在设计、施工、研究等部门从事基本的专业图形绘制工作的能力。

### 二、本课程的学习任务

本课程基于美国Autodesk公司开发的通用图形软件AutoCAD 2008进行介绍,要求学生在完成课程学习后,能达到以下技能水平:

(1)熟悉AutoCAD的基本操作,掌握常用绘图命令、图形编辑命令,掌握图层的应用、特征点捕捉等技巧与方法。

(2)掌握道路与桥梁专业图形绘制、编辑和标注等方法,会进行图形打印设置。

(3)初步掌握使用AutoCAD进行三维图形基本建模的方法。

(4)掌握AutoCAD常见使用技巧,能解决实际应用中的一些疑难问题。

### 三、本课程的学习方法

本课程是一门应用型的综合课程,要求学生具备计算机的基本知识,有较好的道路与桥梁工程专业知识素养和较强的动手能力。学习该课程应做到理论与实践结合,边学边练。学习本课程首先应具备计算机软硬件的基本操作技能,从基本绘图命令入手,掌握常见绘图和编辑的技能,在入门阶段不要贪多,要注意培养交互式参数绘图的基本思维方式和图形坐标系的概念,在此基础上结合专业知识完成简单专业图形的绘制;在系统学习图形标注和图形格式的基础上,完成较复杂专业图形的绘制和打印;在熟练掌握交互绘制二维图形的基础上,了解提高绘图工作效率的技巧和简单三维图形的绘制方法,达到系统学习本课程的目的。

# 项目二　AutoCAD 的工作界面及其基本操作

## 任务一　认识 AutoCAD 工作界面

学习要点

1. AutoCAD 200X 基本工作界面。
2. AutoCAD 200X 绘图环境设置。
3. AutoCAD 200X 绘图辅助工具。

AutoCAD 版本说明：AutoCAD 软件的版本目前更新较快，基本上做到了每年更新一次。并且从 2009 版开始，为了迎合用户因操作 Office 2007 界面养成的习惯，其操作界面有了一些变化，界面布置向 Office 2007 靠拢，如图 2-1 所示。

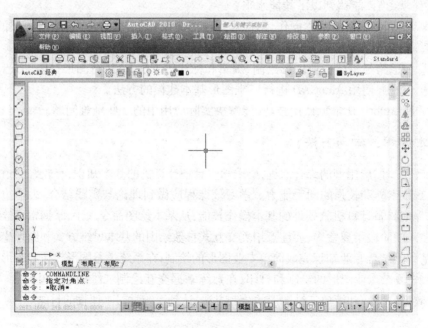

图 2-1　AutoCAD 2010 的工作界面

但为了让广大老用户适应这种变化，AutoCAD 2010 版在界面右下角设置了界面切换按钮 。用户只需点击此按钮并选择"经典界面"即可。切换后的界面如图 2-2 所示。

为了配合广大使用者的习惯，本书仍然以 AutoCAD 经典界面为例来讲解此软件。

在教师的指导下，由学生共同完成以下操作练习，通过上机实践了解 AutoCAD 2008 的工作界面,熟悉 AutoCAD 中文版的界面组成、各部分的主要功能与操作方法。

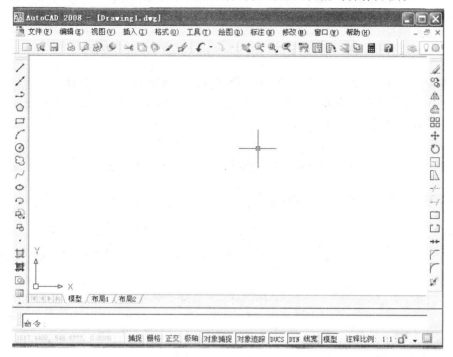

图 2-2　AutoCAD 2008 经典界面

## 一、AutoCAD 的安装

将 AutoCAD 200X 光盘插入光驱后,双击光盘上的安装程序 setup.exe,系统将显示【安装】选项卡中的内容。此时单击"安装"项,即可启动 AutoCAD 200X 安装向导,开始 AutoCAD 200X 的安装。安装过程中,用户应根据安装向导对各种提示信息给予响应。步骤如下:

(1)在"欢迎使用 AutoCAD 200X 安装向导"对话框中,单击【下一步】。

(2)查看所适用国家/地区的"AUTODESK 软件许可协议"。必须接受协议才能完成安装。要接受协议,则选择"我接受",然后单击【下一步】(如果不同意协议的条款,则单击【取消】,以取消安装)。

(3)在"序列号"对话框中,输入位于 AutoCAD 产品包装上的序列号,然后单击【下一步】。

(4)在"用户信息"对话框中,输入用户信息(在此输入的信息是永久性的,要确保在此输入正确信息,因为过后将无法对其进行更改,除非删除安装产品),单击【下一步】。

(5)在"选择安装类型"对话框中,指定所需的安装类型,然后单击【下一步】。

(6)在"目标文件夹"对话框中,执行下列操作之一:

①单击【下一步】,接受默认的目标文件夹。

②输入路径或单击【浏览】,指定在其他驱动器和文件夹中安装 AutoCAD。单击【确定】,然后单击【下一步】。

(7)在【开始安装】对话框中,单击【下一步】以开始安装。

(8)显示【更新系统】对话框,其中显示了安装进度。安装完成后,将显示"AutoCAD 200X 安装成功"对话框。在此对话框中,单击【完成】。

安装完成后,如有重新启动计算机的提示,则要重新启动计算机后再运行 AutoCAD 程序。

用户可以注册产品后开始使用此程序。要注册产品,启动 AutoCAD 并按照屏幕上的说明操作即可。

## 二、AutoCAD 200X 的启动方法(以 AutoCAD 2008 为例)

在默认情况下,安装完 AutoCAD 2008 后将自动在桌面上生成一个快捷方式图标,在【开始】菜单中也有对应的子菜单。使用下面三个方法之一就可以启动 AutoCAD 2008。
(1)双击桌面图标。
(2)单击【开始】/【程序】/【AutoCAD 2008】/【ACAD】菜单。
(3)在资源管理器中双击 AutoCAD 2008 的可执行文件 ACAD.EXE。

## 三、AutoCAD 2008 界面的认识

AutoCAD 2008 的工作界面主要由标题栏、菜单栏、各种工具栏、绘图窗口、十字光标、坐标系图标、滚动条、选项卡控制栏、命令窗口、状态栏、工具选项板等组成。如图 2-3 所示。

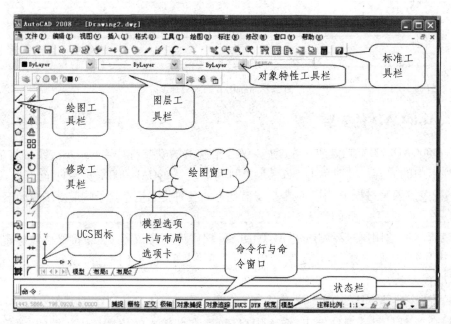

图 2-3　AutoCAD 2008 的工作界面

### 1. 标题栏

标题栏位于工作界面的最上方,和一般的软件标题栏相似,其左端 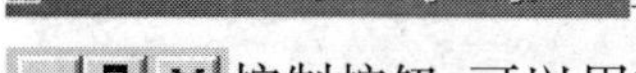 显示软件的图标、名称、版本级别以及当前图形的文件名称,右端 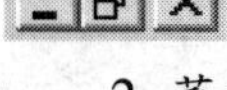 控制按钮,可以用来最小化、最大化或者关闭 AutoCAD 2008 的工作界面。

### 2. 菜单栏

菜单栏如图 2-4 所示。

图 2-4　菜单栏

3. 工具栏

当光标移动到工具栏图标上停留片刻,图标旁边将出现相应的命令提示,同时在状态栏中显示该命令的功能介绍(图2-5~图2-13)。

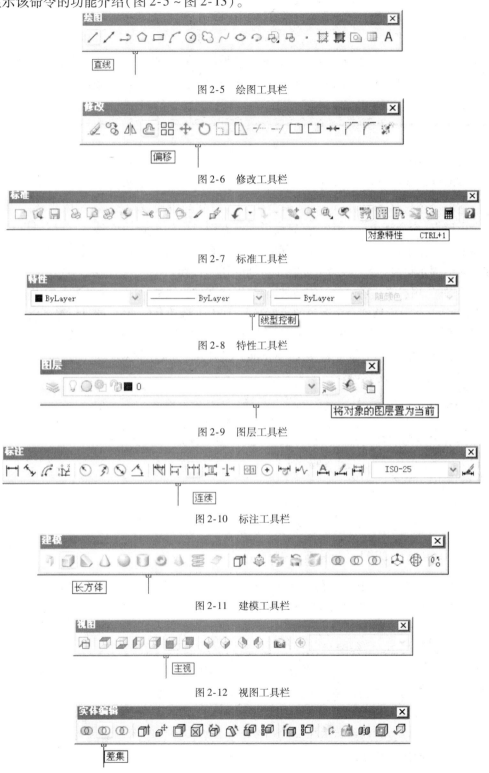

图2-5　绘图工具栏

图2-6　修改工具栏

图2-7　标准工具栏

图2-8　特性工具栏

图2-9　图层工具栏

图2-10　标注工具栏

图2-11　建模工具栏

图2-12　视图工具栏

图2-13　实体编辑工具栏

打开/关闭工具栏:将光标放在任一工具栏的非标题区,单击鼠标右键,系统会自动弹出一个快捷键,用鼠标左键单击某一个未在界面显示的工具栏名,系统即可自动在绘图区打开该工具栏。要关闭一个工具栏,将光标放在位于工具栏右上方的标记"×"上,并用鼠标左键单击它,即可关闭该工具栏,该工具栏将从绘图区域中消失。

4. 状态行

状态行用来显示当前的作图状态,分别显示当前光标的坐标位置,绘图是否使用栅格捕捉、栅格显示功能、正交、极坐标追踪、对象捕捉、对象追踪、线宽显示功能等。如图2-14 所示。

图 2-14 状态行

5. 命令窗口

在绘图区的下面是命令窗口(Command Window),是显示用户与AutoCAD对话信息的地方。它由命令行(Command line)和命令历史窗口共同组成:命令行显示用户从键盘上输入的命令信息,命令历史窗口中含有启动后的所有信息中的最新的信息,命令历史窗口与绘图窗口之间切换可以通过[F2]功能键进行。命令提示默认状态显示3行,绘图时应时刻注意这个区的提示信息,否则将会造成答非所问的错误操作。

在绘图时,用户要注意命令行的各种提示,以便准确快捷地绘图。命令窗口的大小可以由用户自己确定:将鼠标移到命令窗口的边框线上,往上下拖动鼠标即可,同时位置可以移动。

当命令行窗口显示"命令:"时,标志着AutoCAD已经做好了接受命令输入的准备。从菜单或工具栏中输入一个命令名,并按下Enter键后,命令提示区将提示使用者响应命令的操作,直到命令结束或命令被终止。

### 四、退出 AutoCAD 200X

用户可以通过下列操作之一即可退出AutoCAD 200X。

(1)下拉菜单选择【文件】/【退出】。

(2)单击标题栏上的按钮。

(3)在命令行输入"QUIT"或"EXIT"。

退出AutoCAD 200X 系统之前,如果未曾存盘,系统会询问用户是否将修改保存。

### 五、AutoCAD 200X 绘图辅助知识

为使用户绘图更方便、更精确,AutoCAD 200X 提供了多种绘图辅助工具,能够极大地提高绘图的精度和效率,所以必须对绘图前的准备工作以及一些相关概念有所了解。

1. 绘图环境的设置

利用AutoCAD 200X 绘图时,用户可设置各种绘图属性,如比例因子(它用于定义绘图与输出比例,因为总是以真实尺寸绘图的)、绘图界限(即绘图区域)、层(将不同的对象,如对象、尺寸、文字,放置在不同的层内,使图形更清晰,易于观察和修改)。

(1)图形界限的设置(一般绘图时不必设置)

图形界限就是表明用户的工作区域和图纸的边界。设置绘图界限的目的是为了避免用户所绘制的图形超出某个范围。

在AutoCAD 200X 中,有以下两种方法可以设置绘图界限。

命令调用方式:
◆ 命令行:LIMITS
◆ 菜单命令:选择【格式】/【图形界限】选项

如绘制一张 A3 的图纸,用此命令来规定一个绘图范围,方法如下:
①执行【格式】/【图形界限】命令,或者在行中输入 limits;
②输入所要求的范围,A3 图纸,大小为 420×297,可以用相对坐标;
③打开图形界限检查功能,再次执行【图形界限】命令输入 ON,打开图形界限检查功能。

**操作命令:**

命令:limits

重新设置模型空间界限:

指定左下角点或[开(ON)/关(OFF)]<0.0000,0.0000>:

指定右上角点<420.0000,297.0000>:

命令:limits

重新设置模型空间界限:

指定左下角点或[开(ON)/关(OFF)]<0.0000,0.0000>:on

(2)长度和角度单位

一般选用小数的长度单位,默认状态角度选用十进制度数,方向以逆时针方向为正。也可以设置顺时针方向为正,点击顺时针复选框即可。如图 2-15 所示。

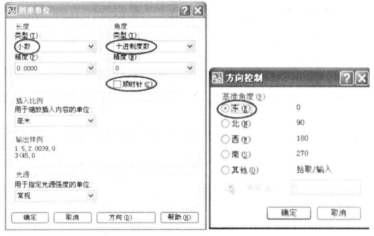

图 2-15　长度与角度单位的设置

2.模型空间和图纸空间

AutoCAD 200X 有两种绘图空间,即模型空间和图纸空间。

模型空间是指用户所画的图形(建立二维或者三维模型)所处的环境。通常图形绘制与编辑工作都是在模型空间下进行的,它为用户提供了一个广阔的绘图区域,用户在模型空间中所需考虑的只是单个图形是否输出或正确与否,而不必担心绘图空间是否能容纳下。一般来说,用户可以在模型空间按实际尺寸1:1进行绘图,如正常的建筑绘图都是把建筑物体依照实际尺寸在模型空间进行绘制。

图纸空间是一种工具,用于在绘图输出之前设置模型在图纸的布局,确定模型视图在图纸上出现的位置。在图纸空间里,用户无需再对任何图形进行修改、编辑,所要考虑的是图形在整张图纸中如何布置。

模型空间中绘制的图形能够转化到图纸空间,但图纸空间绘制的图形不能转化到模型空间。

在图纸空间将模型空间图形以不同比例的视图进行搭配,必要时添加一些文字注释,如标题栏、技术要求等,再设置图纸大小、打印范围、打印比例等,从而形成一张完整的纸面图形,为打印创建完备的图形布局。

模型空间和图纸空间可以相互切换,其操作是通过鼠标点击状态栏中的模型、布局按钮来实现。单击模型按钮,则进入模型空间;单击布局1或布局2按钮,则进入图纸空间。

**注意**:先在模型空间内完成图形的绘制与编辑,再进入图纸空间进行布局。

3.绘图环境设置

命令调用方式:

◆ 命令行:输入 OPTIONS

◆ 菜单命令:选择【工具】/【选项】

◆ 右键菜单:在命令行单击右键,弹出快捷菜单,选择【选项】,如图2-16 所示。

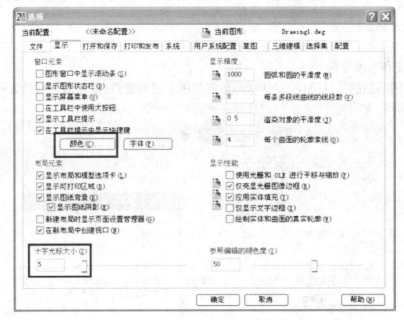

图2-16　选项卡

常用参数设置:

①屏幕颜色、字体、改变十字光标长度等。

②自定义鼠标右键功能,如图2-17 所示。

4.绘图辅助知识

要快速顺利地完成图形的绘制工作,有时需要借助一些辅助工具,比如,调整图形显示范围与方式的显示工具和用于准确确定绘制位置的精确定位工具等。

对于一个较复杂的图形来说,在观察整幅图形时往往无法对局部细节进行查看和操作,而当在屏幕上显示一个细部时又看不到其他部分。为解决这类问题,AutoCAD 提供了缩放、平移、视图等一系列图形显示控制命令,可以用来任意放大、缩小或者移动屏幕上的图形显示,此外,AutoCAD 还提供了重画和重新生成命令来刷新屏幕、重新生成图形的功能。

(1)图形的缩放

在绘制比较复杂的图形时,由于图形线条显得很密集,需要在图形放大时进行处理,此时可以使用缩放命令帮助绘图。

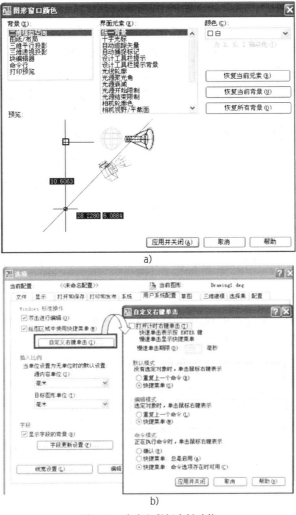

图 2-17 自定义鼠标右键功能

图形缩放命令类似于照相机的镜头,可以放大或者缩小屏幕所显示的范围,只改变视图的比例,而对象的实际尺寸并不发生改变。当放大图形一部分的显示尺寸时,可以更清楚地查看这个区域的细节;相反,如果缩小图形的显示尺寸,则可以查看更大的区域,如整幅图。

**注意**:显示控制中的缩放不改变尺寸的线性缩放比例,只不过是观察实体的视点不同而已。

命令调用方式:

◆ 命令行:输入 ZOOM 或者 Z

◆ 菜单命令:选择【视图】/【缩放】选项

◆ 工具栏:单击【标准工具栏】中的窗口缩放命令按钮 ⊕。

**操作命令:**

命令:zoom

指定窗口的角点,输入比例因子(nX 或 nXP),或者

全部(A)/中心(C)/动态(D)/范围(E)/上一个(P)/比例(S)/窗口(W)/对象(O)< 实时 >:

指定第一个角点:指定对角点:

上述操作命令中：

实时：上下移动鼠标交替进行放大与缩小

A→不论图形多大，显示整张图形的边界与范围

C→以确定一点为中心点以及输入比例和高度来缩放画面

E→缩放至整个显示范围，该范围有图形的区域构成，尽可能被放大

W→窗选缩放，在屏幕上点取窗口的两个对角点，则点取的窗口内的图形将被放大到全屏幕显示

实时："缩放"命令的默认操作，即在输入"ZOOM"命令后，直接按 Enter 键，或者单击工具栏上的 图标，将自动调用实时缩放操作。在绘图区拖动 光标，按住鼠标左键向上移动光标，绘图区图形随之放大；向下移动光标，绘图区图形随之缩小。

**操作命令：**

命令：zoom

指定窗口的角点，输入比例因子(nX 或 nXP)，或者

［全部(A)/中心(C)/动态(D)/范围(E)/上一个(P)/比例(S)/窗口(W)/对象(O)］＜实时＞：C

指定中心点：

输入比例或高度＜428.3210＞：3x

中心点(C)：默认的中心点，即视图的中心点，默认的高度就是当前视图的高度，直接按 Enter 键，图形不会被放大。输入比例，数字越大，图形放大倍数则越大。也可在数字后面紧跟一个 x，如 3x，表示在放大时不是按绝对值变化，而是按相对于当前视图的相对值缩放。

动态缩放(图2-18)：通过操作一个表示视口的视图框，可以确定所需要显示的区域。选择该选项，在绘图窗口中出现一个小的视图框，此时视图框的右边出现一个箭头，按住鼠标左键左右移动来改变视图框的大小，定形后放开左键，再次单击鼠标左键移动视图框来确定图形中的放大的位置，然后按 Enter 键，AutoCAD 将会按这个矩形的尺寸和位置调整图形显示。

比例(S)：

**操作命令：**

命令：zoom

指定窗口的角点，输入比例因子(nX 或 nXP)，或者

［全部(A)/中心(C)/动态(D)/范围(E)/上一个(P)/比例(S)/窗口(W)/对象(O)］＜实时＞：S

输入比例因子(nX 或 nXP)：3x

工具栏各选项含义如图 2-19 所示：

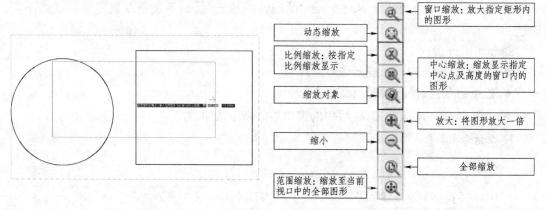

图 2-18　动态缩放　　　　　　　　　　图 2-19　工具栏各选项含义

**注意**:缩放提到的放大与缩小是对图形在屏幕上的显示进行操作,对于图形的实际尺寸没有任何改变。

(2)视窗平移命令

当图形幅面大于当前视口时,例如使用图形缩放命令将图形放大,如果需要在当前视口之外观察,可以使用图形平移命令来实现。平移命令能将在当前视口以外的图形的一部分移动进行查看,但不会改变图形的缩放比例。

命令调用方式:

◆ 命令行:输入 PAN(P)

◆ 菜单命令:选择【视图】/【平移】

◆ 工具栏:单击【绘图】工具栏平移图标按钮

平移选项如图 2-20 所示。

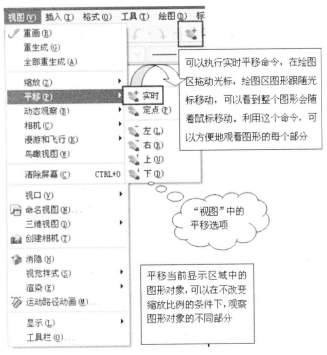

图 2-20 平移选项

①定点平移。

执行【视图】【平移】【定点】命令,命令行提示如下:

视图将沿着两点的连线向第二点移动,移动的距离为两点间的距离。

②前一视图命令。

单击【标准】工具条中的 ,恢复上一次屏幕所显示的图形。

③鸟瞰视图。

鸟瞰视图是一种导航工具,它在一个独立的窗口中显示整个图形视图,允许与工作的图形窗口同时打开。通过控制鸟瞰视图窗口,可以快速移动到目的区域,并且可以选择图形中的某些需要进行缩放或平移的图形部分。

命令调用方式:

◆ 命令行:输入 DSVIEWER

◆ 菜单命令:选择【视图】菜单/【鸟瞰视图】

执行该命令后,系统打开"鸟瞰视图"窗口,如图2-21所示。

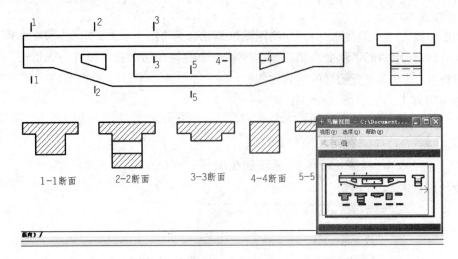

图2-21　鸟瞰视图

在该窗口的白色的粗线框称为视图框(黑色背景白框,白色背景则黑框),表示当前屏幕所显示的范围。在鸟瞰视图窗口中单击鼠标左键,则在窗口中出现一个可以移动的中间有"×"标记的细线框,表示视图框新的位置,它会随鼠标的移动而移动,从而可以实现绘图窗口中图形的平移。

在鸟瞰视图窗口中再次单击鼠标左键,则在窗口中的细线框的右侧出现一个"→"标记,此时移动鼠标可以改变视图框的大小,从而实现了图形的缩放。可以继续在鸟瞰视图窗口中单击鼠标左键,使视图框交替处于平移或缩放状态,从而不断地调整图形和视图框的相对位置和大小,并随时单击鼠标右键确定视图框的最终位置和大小,绘图窗口中也相应显示视图框中所包含的图形部分。确定显示视图框的大小。

**注意:** "鸟瞰视图"命令可以在任何一个命令的执行中透明地使用,即临时中断当前命令执行"鸟瞰视图",执行完"鸟瞰视图"后又恢复当前命令。

在绘图过程中,AutoCAD 200X会产生一些临时标记或显示不正确,在这种情况下,可以使用重画命令和重生成命令。

(3)重画命令

命令调用方式:

◆ 命令行:输入REDRAW(R)或(RE)

◆ 菜单命令:选择【视图】/【重画】选项重生成命令

◆ 菜单命令:选择【视图】/【重生成】选项

## 任务二　学习AutoCAD 200X的基本操作

 **学习要点**

1. AutoCAD 200X的基本操作。
2. AutoCAD 200X命令输入方式。

在教师指导下,由学生共同完成以下操作练习,通过上机实践操作 AutoCAD 200X 菜单中的命令和工具栏按钮的基本操作。

(1) AutoCAD 200X 的基本操作。

①练习如何直接使用键盘调用菜单选项。

②快捷键操作练习。

③鼠标操作。

指导学生练习使用鼠标左键单击调用命令以及在不同区域单击右键调用所需快捷功能:

a. 在工作区单击右键打开快捷菜单;

b. 在命令提示区单击右键打开命令选择快捷菜单;

c. "Shift + 鼠标右键"打开捕捉选项菜单;

d. 在任意工具栏上单击鼠标右键打开工具栏选择菜单。

(2)指导学生练习对话框的基本操作。

①打开"文件"菜单,选择"另存为…"选项,练习显性文本框操作;打开"格式"菜单,选择"图层…"选项,通过"新建"按钮认识文本框操作。

②打开"格式"菜单,选择"标注样式…"选项,认识带"…"和"▼"符号的按钮功能及操作;打开"绘图"菜单,选择"块"→"定义属性…"选项,练习带"＜"符号的按钮功能及操作。

③打开"视图"菜单选择"自定义…"选项,练习复选框的操作。

(3)指导学生练习文件的各种操作方法。熟悉文件的新建、保存、打开等基本操作。

(4)指导学生熟悉各种精确定位工具的使用方法。

(5)指导学生初步了解图层的含义。

## 一、AutoCAD 200X 的基本操作

### 1. 鼠标的基本操作

对于 AutoCAD 200X 来说,鼠标操作是使用 AutoCAD 200X 进行画图、编辑的最重要操作。灵活使用鼠标对于加快绘图速度、提高绘图质量有着至关重要的作用。

鼠标的左右键在 AutoCAD 200X 中有特定的功能。通常左键代表选择,右键代表确定。鼠标的基本操作有以下几种:

(1)指向:把光标移动至某一工具图标上,此时系统会自动显示该图标名称。另外,在状态栏上也会显示该工具的相关帮助信息。

(2)单击左键。一般有如下几种含义:

①单击工具按钮,执行相应的命令。

②确定十字光标在绘图区的位置。

③选择目标。

④移动绘图区的水平、垂直滚动条。

⑤单击对话框中的命令按钮,执行相应的命令。

(3)单击右键。一般有如下几种含义:

①定制或关闭工具栏:把光标移至任意工具栏中的某一工具按钮上,单击右键,AutoCAD 200X 将弹出快捷菜单,如图 2-22a)。快捷键的其他情况,如图 2-22b)、c)、d)。

②在选择目标后,单击右键的作用就是结束目标选择。如果先执行命令后选择目标,那

么AutoCAD 200X将完成该后续操作。

③重复执行上一次所操作的命令时,在绘图区任一处单击右键,此时单击右键的作用就相当于按Enter键。

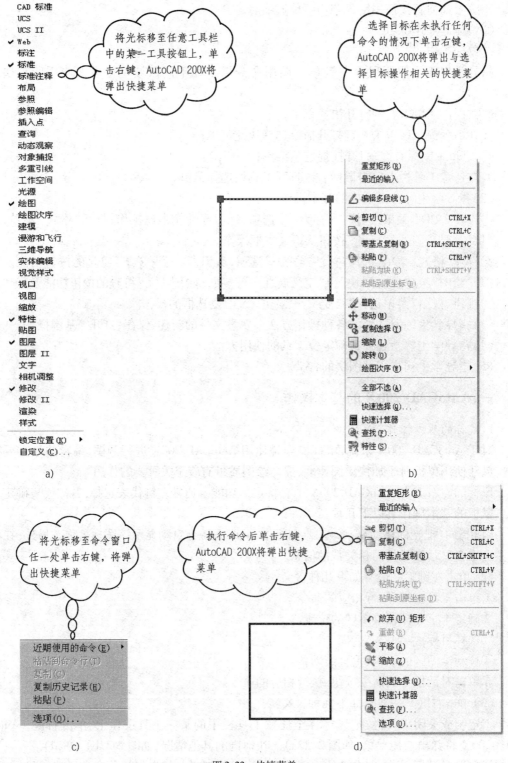

图2-22 快捷菜单

(4)双击左键:将光标移至某一对象或选项,快速按两下鼠标左键。两次按键之间不能移动鼠标,否则无效。

①启动命令。

②更改状态行上捕捉、栅格、正交等开关变量。

(5)拖动:将鼠标放在工具栏或对话框的标题栏,按住鼠标左键并拖动,可以将工具栏或对话框移到新的位置;将光标放在屏幕滚动条上,按住鼠标左键并拖动即可滚动当前屏幕。

2.菜单的操作

①带省略号的菜单命令:弹出一对话框,执行相应的命令。如图2-23所示。

②带三角形符号的菜单命令:拥有下一级子菜单。如图2-23所示。

③有效菜单以黑色字符显示,无效菜单以灰色字符显示。

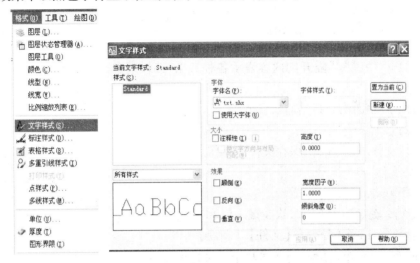

图2-23 子菜单

3.工具栏的操作

打开与关闭工具栏:将光标放在任一工具栏的非标题区,单击鼠标右键,系统会自动弹出一个快捷键,用鼠标左键单击某一个未在界面显示的工具栏名即可,系统自动在绘图区打开该工具栏。要关闭一个工具栏,将光标放在位于工具栏右上方的标记"X"上,并用鼠标左键单击它,即可关闭该工具栏,该工具栏将从绘图区域中消失。

4.对话框的操作(图2-24)

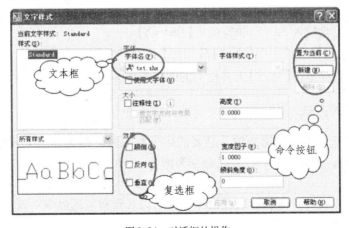

图2-24 对话框的操作

5. 键盘的操作

所有的命令均可以通过键盘输入（不分大小写）。在"命令:"提示下,可以通过键盘输入命令名,并按下 Enter 键或空格键予以确认。对命令提示中必须输入的参数,也需要通过键盘输入。大部分命令通过键盘输入时可以缩写,此时可以只键入很少的字母即可执行该命令。如"Circle"命令的缩写为"C"（不分大小写）。用户可以定义自己的命令缩写。

在大多数情况下,直接输入命令会打开相应的对话框。如果不想使用对话框,可以在命令前加上" – ",如" – Layer"。此时不打开"图层特性管理器"对话框,而是显示等价的命令提示信息,同样可以对图层特性进行设定。

使用键盘发出命令：

一个典型的命令执行过程如图 2-25 所示：

命令:circle 指定圆的圆心或[三点(3P)/两点(2P)/相切、相切、半径(T)]:
指定圆的半径或[直径(D)]<20.0000>:

图 2-25  命令执行过程

方括号"[ ]"中以"/"隔开的内容表示各种选项,选择某个选项只需输入圆括号中的字母,可以大小写。

尖括号"〈 〉"中的内容是当前缺省值。

6. 文件的基本操作

完成新建文件、打开文件、保存文件的操作。

(1) 新建文件

命令调用方式：

◆ 命令行：键盘输入 NEW,快捷键入【Ctrl + N】

◆ 菜单命令:选择下拉菜单【文件】/【新建】

◆ 工具栏: 直接单击【标准】工具栏上的图标按钮

(2) 打开文件

命令调用方式：

◆ 命令行：键盘输入 OPEN,快捷键入【Ctrl + O】

◆ 菜单命令:选择下拉菜单【文件】/【打开】

◆ 工具栏: 直接单击【标准】工具栏上的图标按钮

(3) 保存文件

命令调用方式：

◆ 命令行：键盘输入 SAVE,快捷键入【Ctrl + S】

◆ 菜单命令:选择下拉菜单【文件】/【保存】

◆ 工具栏: 直接单击【标准】工具栏上的图标按钮

## 二、命令输入方式

AutoCAD 200X 交互绘图必须输入必要的指令和参数。命令输入方式包括菜单输入及按钮(工具栏)输入、键盘输入。以直线命令为例。

(1) 菜单输入。

点击【绘图】菜单/【直线】选项,在命令行中可以看到对应的命令名以及说明：

命令:_line 指定第一点:

指定下一点或[放弃(U)]:
指定下一点或[放弃(U)]:
指定下一点或[闭合(C)/放弃(U)]:

(2)按钮(工具栏)输入。

点击工具栏中相应的图标,如直线图标 ╱。

(3)键盘输入在命令行中输入命令名,键盘输入命令字符可不分大小写,如输入直线命令"Line",或者"L"快捷键即可。

(4)命令的重复、撤销、重做。

在命令行中按 Enter 键可重复执行刚执行的命令。也可随时取消和终止命令的执行。

命令调用方式:

◆ 命令行:键盘输入 UNDO 或者快捷键 Esc

◆ 菜单命令:选择【编辑】菜单/【放弃】选项

◆ 工具栏:直接单击【标准】工具栏上的放弃图标按钮 ⤺

被撤销的命令还可以恢复重做。要恢复撤销的是最后一个命令。

命令调用方式:

◆ 命令行:键盘输入 REDO 或者快捷键 Esc

◆ 菜单命令:选择【编辑】菜单/【重做】选项

◆ 工具栏:直接单击【标准】工具栏上的放弃图标按钮 ⤻

(5)透明命令。

在 AutoCAD 2008 中有些命令不仅可以直接在命令行中使用,而且还可以在其他命令的执行过程中,插入并执行,待该命令执行完毕后,系统继续执行原命令,这种命令称为透明命令。

透明命令一般多为修改图形设置或打开绘图辅助工具的命令。

**操作命令:**

命令:arc 指定圆弧的起点或[圆心(C)]:'ZOOM
>>指定窗口的角点,输入比例因子(nX 或 nXP),或者
[全部(A)/中心(C)/动态(D)/范围(E)/上一个(P)/比例(S)/窗口(W)/对象(O)]<实时>:S
>>输入比例因子(nX 或 nXP):2
正在恢复执行 ARC 命令。
指定圆弧的起点或[圆心(C)]:
指定圆弧的端点:

## 三、AutoCAD 200X 精确定位工具

在绘制图形时,可以使用坐标精确定位,但是,有时点的坐标不知道,又想精确指定这些点,因此 AutoCAD 2008 提供了辅助定位工具,使用这类工具,可以很容易地捕捉到这些点,进行精确绘图。

1. 正交

正交功能可用来控制画水平线和垂直线。使用正交功能绘图时,对于绘制水平线与垂直线非常有用,当绘制构造线时经常使用。

2. 栅格

栅格是 AutoCAD 200X 中一种可见的位置参考图标,显示在屏幕上显示一个一个等距离

点,如同方格纸一样,有助于定位。

**注意:**栅格只显示于绘图界限范围内,不是图的一部分,只是作为一种视觉参考,用作辅助作图,也不会打印。

3. *捕捉*

AutoCAD 200X 中捕捉功能分为两种,即自动捕捉和对象捕捉。

(1)自动捕捉:是指 AutoCAD 光标只能落在其中的一个栅格点上,自动捕捉是捕捉栅格点,光标在 X 轴和 Y 轴方向的移动总是捕捉格子,X 轴方向和 Y 轴方向栅格点的间距可以进行设置。这时,光标犹如受到了控制,无法连贯地移动,因为光标只能落在其中的一个格子上。自动捕捉可分为"矩形捕捉"和"等轴测捕捉"两种类型。默认设置为"矩形捕捉","等轴测捕捉"表示捕捉模式为等轴测模式,此模式是绘制正等轴测图时的工作环境,如图 2-26 所示。在"等轴测捕捉"模式下,光标十字线成绘制等轴测图时的特定角度。

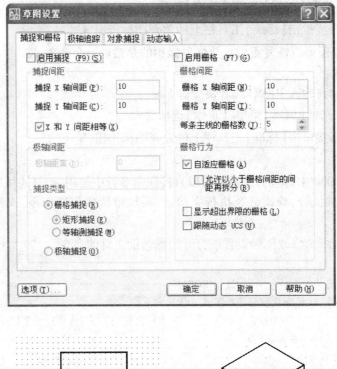

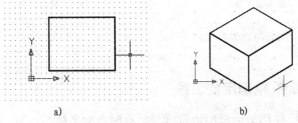

图 2-26 捕捉的类型

a)矩形捕捉;b)等轴测捕捉

(2)对象捕捉:AutoCAD 给所有的图形都定义了特征点。对象捕捉是指在绘图过程中,通过捕捉这些特征点,迅速准确地定位这些特征点。在 AutoCAD 2008 中,可以通过单击状态行中"对象捕捉"选项,或者在"草图设置"对话框的"对象捕捉"选项卡中选择"启用对象捕捉"单选框,来完成启用对象捕捉功能。

①对象特征点指几何图形上的特殊点:如直线的端点、中点,圆的圆心等。

②设置对象捕捉点应注意,不要把所有的对象捕捉点都打开,否则光标难以控制。

对象捕捉功能的调用:"对象捕捉"工具栏(图2-27)和对象捕捉快捷菜单,使用命令行。

图2-27 对象捕捉工具栏

"对象捕捉"工具栏:在绘图过程中,当系统提示需要指定点的位置时,可以单击"对象捕捉"工具栏相应的特征点按钮,再把光标移到要捕捉对象的特征点附近,AutoCAD会自动提示并捕捉这些特征点。

对象捕捉快捷菜单:在需要指定点的位置,可以按住 Ctrl 键或 Shift 键,单击鼠标左键,打开对象捕捉快捷菜单。从该菜单上同样可以选择某一特征点执行对象捕捉。

使用命令行:在需要指定点的位置,在命令行输入相应的特征点的关键字,再把光标移到要捕捉对象的特征点附近,AutoCAD会自动提示并捕捉这些特征点。

对象捕捉特征点简称见表2-1。

对象捕捉特征点简称　　　　　　　　　　　　　　　表2-1

| 对象捕捉特征点名称 | 简　称 | 对象捕捉特征点名称 | 简　称 |
|---|---|---|---|
| 临时追踪点 | TT | 捕捉自 | FROM |
| 捕捉到端点 | END | 捕捉到中点 | MID |
| 捕捉到交点 | INT | 捕捉到外观交点 | APP |
| 捕捉到延长线 | EXT | 捕捉圆心 | CEN |
| 捕捉到象限点 | QUA | 捕捉到垂足 | PER |
| 捕捉到平行线 | PAR | 捕捉到插入点 | INS |
| 捕捉到最近点 | NEA | 捕捉到节点 | NOD |

设置对象捕捉点的方法如图2-28所示。

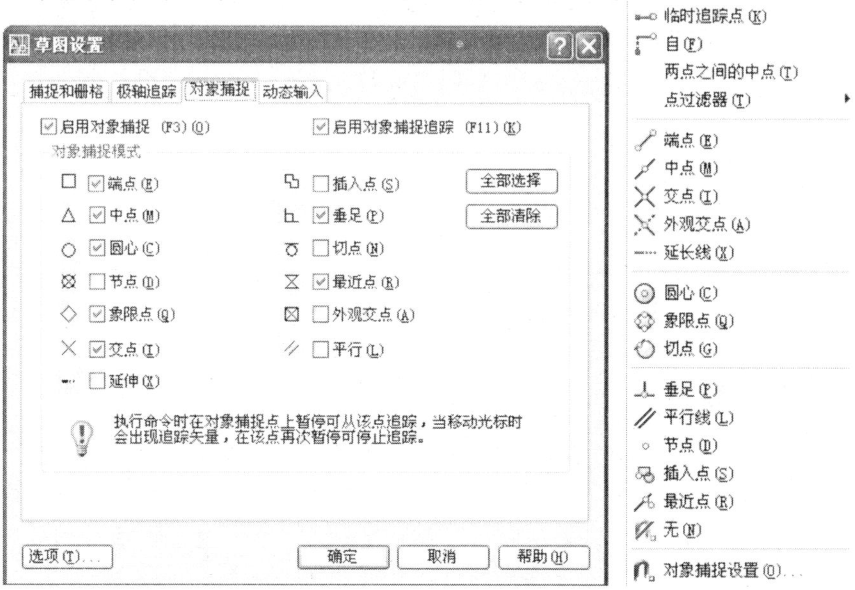

图2-28 设置对象捕捉点

**提示**：对象捕捉作为一种点的输入方法，不能单独执行，只有在执行某一绘图命令需要输入点时才能调用。

### 4.对象追踪

在使用对象追踪功能时，必须打开对象捕捉，AutoCAD 200X 首先捕捉一个几何点作为追踪参考点，然后按水平、竖直方向或设定的极轴方向进行追踪。如图 2-29 所示。

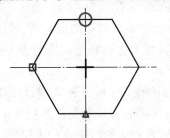

所谓对象追踪功能，就是可以以记忆同一命令操作中光标所经过的捕捉点，从而以其中某一捕捉点的 X 或 Y 坐标控制所需要选择的定位点

图 2-29 对象追踪

极轴追踪：光标可按用户设定的极轴方向移动，将在该方向上显示一条追踪辅助线及光标点的极坐标值。如图 2-30 所示。

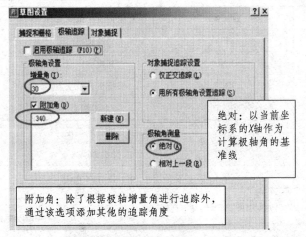

图 2-30 极轴设置

# 项目三　点、线及几何图形的绘制

## 任务一　使用坐标和辅助工具精确绘制直线

 **学习要点**

1. 直线。
2. 坐标的定义。
3. 删除命令。

在教师的指导下,由学生共同完成 A3 图幅、空心板断面图、立柱的绘制。理解如何绘制直线以及 AutoCAD 中坐标的含义。

【实训 3-1】　用 3 种坐标输入法绘制标准的 A3 图幅。

1. 用绝对直角坐标绘制 A3 图幅(图 3-1)

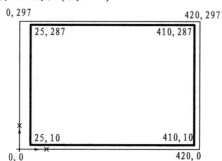

图 3-1　A3 图幅(用绝对直角坐标绘制)

**操作命令:**

绘制图幅命令如下:

命令:_line 指定第一点:0,0

指定下一点或[放弃(U)]:420,0

指定下一点或[放弃(U)]:420,297

指定下一点或[闭合(C)/放弃(U)]:0,297

指定下一点或[闭合(C)/放弃(U)]:C

绘制框图命令如下:

命令:l

LINE 指定第一点:25,10

指定下一点或[放弃(U)]:410,10

指定下一点或[放弃(U)]:410,287

指定下一点或[闭合(C)/放弃(U)]:25,287
指定下一点或[闭合(C)/放弃(U)]:C

**2. 用相对直角坐标绘制 A3 图幅(图 3-2)**

**操作命令:**

命令:_line 指定第一点:　　　　　　　　　　　←鼠标在屏幕任意位置上单击以确定一个点

指定下一点或[放弃(U)]:@420,0

指定下一点或[放弃(U)]:@0,297

指定下一点或[闭合(C)/放弃(U)]:@-420,0

指定下一点或[闭合(C)/放弃(U)]:C

**运用捕捉自定图框的左下角点的命令操作提示如下:**

命令:_line 指定第一点:fro

基点:<偏移>:@25,10　　　　　　　　　　　→鼠标捕捉最外面图幅的左下角为基点

指定下一点或[放弃(U)]:@385,0

指定下一点或[放弃(U)]:@0,277

指定下一点或[闭合(C)/放弃(U)]:@-385,0

指定下一点或[闭合(C)/放弃(U)]:C

**3. 用极坐标绘制 A3 图幅(图 3-3)**

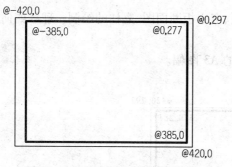 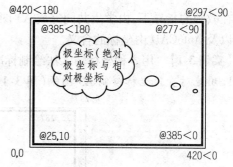

图 3-2　A3 图幅(用相对直角坐标绘制)　　　图 3-3　A3 图幅(用极坐标绘制)

 **知识链接**

## 一、绘制图幅——直线

命令调用方式:

◆ 命令行:输入 LINE

◆ 命令快捷键:L

◆ 菜单命令:选择【绘图】/【直线】选项

◆ 工具栏:单击【绘图】/【直线】命令图标

**操作命令:**

命令:_line 指定第一点:

指定下一点或[放弃(U)]:

指定下一点或[放弃(U)]:

　　　　　←输入参数"U",删除最后画的一段线,退回到上一点,连续输入 U 则可以沿线段退回起点

指定下一点或[闭合(C)/放弃(U)]:C

　　　　　　　　　　　　　←输入参数"C"表示自动形成封闭的多边形并结束 LINE 命令

**注意**:每一步操作必须按 Enter 键,以后不再提示。

"直线(line)"命令用于在两点之间绘制直线。绘制的多条线段中每一条都是一个独立的对象,即可以对每一条直线段进行单独编辑。按 Enter 键或 Esc 键,才能终止命令。

## 二、定位工具——坐标系统和数据的输入方法

**思考**:比较图 3-4,注意两种坐标系的区别。

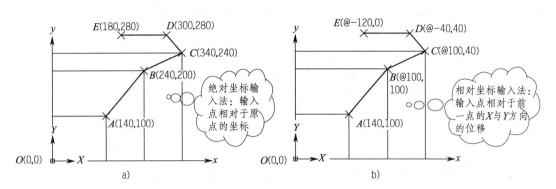

图 3-4 两种坐标系的区别
a)绝对坐标输入法;b)相对坐标输入法

与其他图形设计软件相比,AutoCAD 最大的特点在于它提供了精确绘制图形的功能,用户可以按照非常高的精度标准,准确地设计并绘制图形。其独特的坐标系统是准确绘图的重要基础。

1. 坐标系统

坐标系统分世界坐标系 WCS 和用户坐标系 UCS。

世界坐标系(World Coordinate System),又叫通用坐标系,简称 WCS。WCS 坐标系的原点位于绘图窗口的左下角,X 轴正方向为水平向右,Y 轴正方向为垂直向上,Z 轴正方向为垂直屏幕向外。

用户坐标系(User Coordinate System):为了绘图的方便,修改坐标系的原点位置和 X、Y 轴的方向,这种适合于用户需要的坐标系叫用户坐标系,简称 UCS。

要设置 UCS,可选择【工具】菜单下的【新建 UCS】的某一子选项,或者打开 UCS 工具栏(如图 3-5 所示),也可在命令行执行 UCS 命令。

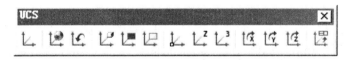

图 3-5 UCS 工具栏

命令:UCS
当前 UCS 名称:*世界*
指定 UCS 的原点或[面(F)/命令(NA)/对象(OB)/上一个(P)/视图(V)世界(W)/X/Y/Z/Z 轴(ZA)]<世界>:
指定 X 轴上的点或<接受>:

2. 点的坐标

在 AutoCAD 2008 中,点的坐标可以用直角坐标、极坐标、球面坐标和柱面坐标表示,每

一种坐标又分别具有两种坐标输入方式,即绝对坐标和相对坐标。其中直角坐标与极坐标最为常用。下面介绍一下它们的输入方法。

(1)直角坐标

用点的 X、Y 坐标值表示的坐标。例如:在命令行中输入点的坐标提示下,输入"2,3"则表示输入了一个 X、Y 的坐标值分别为 2、3 的点,此为绝对坐标输入方式,表示该点的坐标是相对于当前坐标原点的坐标值,如果输入"@2,2",则为相对坐标输入方式,表示该点的坐标是相对于前一点的坐标值。指该点相对于当前点,沿 X 方向移动 2,沿 Y 方向移动 2。如图3-6 所示。

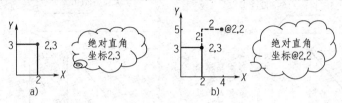

图3-6 直角坐标系
a)绝对直角坐标;b)相对直角坐标

**注意**:绝对直角坐标输入点的 X、Y 坐标,中间用逗号隔开,逗号必须用西文逗号。

(2)极坐标

极坐标用距离和角度表示,表示一点相对于原点或其前一点的距离和角度。其中,相对于原点的坐标值称为绝对坐标值,相对于前一个输入点的坐标值称为相对坐标值。如图3-7 所示。

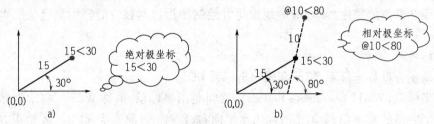

图3-7 极坐标
a)绝对极坐标;b)相对极坐标

①绝对极坐标:指定相对于坐标原点的距离和角度,角度是从指定点到坐标原点的连线与 X 轴正向间的夹角。即输入该点距坐标原点的距离以及这两点的连线与 X 轴正方向的夹角,中间用"<"号隔开。如"15<30"表示该点到原点的距离为 15,该点与原点的连线与 X 轴正向间的夹角 30°。

②相对极坐标:相对极坐标是绘图点相对于前一点的坐标。在作图时,把前一点看成是坐标原点,就可以得出相对坐标值,在输入坐标值时,一定要在坐标前加上@ 的符号。如"@10<80",指输入的点距上一点的距离为 10,和上一点的连线与 X 轴成 80°。

3. 去粗取精——删除命令

命令调用方式:

◆ 命令行:输入 ERASE(E)

◆ 菜单命令:选择【修改】/【删除】选项

◆ 工具栏:单击【修改】/【删除】命令图标

**操作命令**:

命令:_erase

选择对象:找到 1 个
　　　　　←选择一个或多个要删除的对象,选择完成后按 Enter 键确认,将删除选中的所有对象
选择对象:

4.回到从前——撤销和重作命令
(1)撤销命令
命令调用方式:
◆ 按键盘上的快捷键 Ctrl+Z
◆ 命令行:输入 U
◆ 工具栏:单击标准工具栏中的图标按钮 ↶

(2)重作命令
单击标准工具栏中的图标按钮 ↷。使用"撤销命令"可以逐步取消本次进入绘图状态后的操作直至初始状态。"重作命令"只有在撤销命令之后才起作用,而且只恢复最近的一次操作。

【实训 3-2】 用"直接距离输入"法完成空心板边板断面图的绘制(图 3-8)。

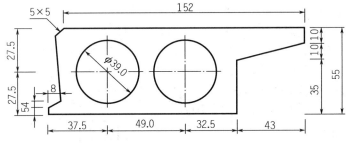

图 3-8 空心板断面图(尺寸单位:cm)

**操作命令:**
命令:l
LINE 指定第一点:
指定下一点或[放弃(U)]:@5,5
指定下一点或[放弃(U)]:152
指定下一点或[闭合(C)/放弃(U)]:10
指定下一点或[闭合(C)/放弃(U)]:@-43,-10
指定下一点或[闭合(C)/放弃(U)]:35
指定下一点或[闭合(C)/放弃(U)]:119
指定下一点或[闭合(C)/放弃(U)]:5
指定下一点或[闭合(C)/放弃(U)]:@8,4
指定下一点或[闭合(C)/放弃(U)]:C

 **知识链接**

绘制直线的定点方法:
①使用点取方式绘制直线;
②使用坐标方式绘制直线;
③使用对象追踪功能定点绘制直线;
④使用对象捕捉方式绘制直线;

⑤利用角度覆盖方式绘制直线。

**注意**:灵活运用对象捕捉、对象追踪、极轴追踪;

极坐标中角度按逆时针增大,要向顺时针方向移动,应输入负的角度值。

**【实训3-3】** 用"角度替代"或"极轴追踪"法完成立柱的绘制(图3-9)。

**思考**:如何绘制该图?

**提示**:采用相对极坐标绘制斜线。

**操作命令**:

命令:_line 指定第一点:

指定下一点或[放弃(U)]:<150

角度替代:150

指定下一点或[放弃(U)]:50

指定下一点或[放弃(U)]:110

指定下一点或[闭合(C)/放弃(U)]:80

指定下一点或[闭合(C)/放弃(U)]:150

指定下一点或[闭合(C)/放弃(U)]:30

指定下一点或[闭合(C)/放弃(U)]:10

指定下一点或[闭合(C)/放弃(U)]:70

指定下一点或[闭合(C)/放弃(U)]:100

指定下一点或[闭合(C)/放弃(U)]:

指定下一点或[闭合(C)/放弃(U)]:C

利用对象追踪定立柱右下角点(图3-10)。

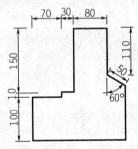

图3-9 立柱图(尺寸单位:cm)

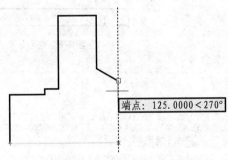

图3-10 对象追踪提示

了解对象追踪的含义:

光标可按用户设定的极轴方向移动,将在该方向上显示一条追踪辅助线及光标点的极坐标值。

要找点2的Y坐标,可追踪点1的Y坐标。打开对象追踪,鼠标指向点1,拖动鼠标,待虚线出现时,点击鼠标左键,即可确定点2。如图3-11所示。

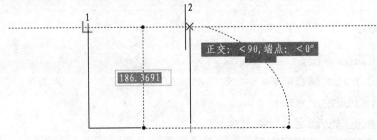

图3-11 对象追踪确定点的位置

# 任务二 绘制矩形

学习要点

1. 矩形。
2. 分解。
3. 偏移。
4. 图案填充。

在教师的指导下,由学生共同完成盖板涵断面图、沉井图的操作练习。掌握 AutoCAD 中绘制矩形的方法,并理解矩形各参数的含义以及图案填充命令的使用。

熟悉 Rectangle(矩形),自行设置倒角、倒圆、宽度等选项完成对矩形的绘制练习。

【实训3-4】 用矩形、图案填充命令绘制盖板涵断面图(图3-12)。

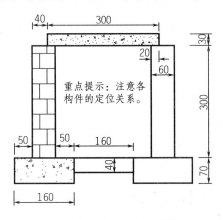

图3-12 盖板涵断面图(尺寸单位:cm)

操作步骤:

1. 绘制基础

**操作命令:**

命令:_rectang  ←指定任意点作为矩形第一角点

指定第一个角点或[倒角(C)/标高(E)/圆角(F)/厚度(T)/宽度(W)]:

指定另一个角点或[尺寸(D)]:@160,70

2. 绘制涵底铺砌

**操作命令:**

命令:

RECTANG  ←捕捉已画矩形的右上角点作为矩形第一角点

指定第一个角点或[倒角(C)/标高(E)/圆角(F)/厚度(T)/宽度(W)]:

指定另一个角点或[尺寸(D)]:@160,-40

3. 绘制涵台

**操作命令:**

命令:

RECTANG
指定第一个角点或[倒角(C)/标高(E)/圆角(F)/厚度(T)/宽度(W)]:50    ←对象追踪定位
指定另一个角点或[尺寸(D)]:@60,300

4.绘制盖板
**操作命令:**
命令:
RECTANG
指定第一个角点或[倒角(C)/标高(E)/圆角(F)/厚度(T)/宽度(W)]:40
指定另一个角点或[尺寸(D)]:@300,30

命令:_mirror
选择对象:指定对角点:找到1个
选择对象:找到1个,总计2个
选择对象:
指定镜像线的第一点:指定镜像线的第二点:
是否删除源对象?[是(Y)/否(N)]<N>:
**操作小技巧:**镜像可得右半涵洞断面图。

### 知识链接

#### 一、绘制盖板——矩形

命令调用方式:
- ◆ 命令行:输入 RECTANG
- ◆ 命令快捷键:REC
- ◆ 菜单命令:选择【绘图】/【矩形】选项
- ◆ 工具栏:单击【绘图】/【矩形】图标按钮 ▭

**操作命令:**
命令:rec
RECTANGLE
指定第一个角点或[倒角(C)/标高(E)/圆角(F)/厚度(T)/宽度(W)]:
指定另一个角点或[尺寸(D)]:
**注意:**默认方式是分别指定矩形的两个对角点画矩形。
设置点的位置的几种方法:
①用鼠标直接在屏幕上取点;
②通过键盘输入点的坐标;
③在指定方向上通过给定距离确定点;
④用目标捕捉方式输入特殊点,用"FROM 捕捉自"的方式定点;
⑤用对象追踪确定点。
矩形各选项的含义如图3-13所示。
指定矩形两个方向的倒角距离,绘制带倒角的矩形的操作命令如下:
命令:_rectang

指定第一个角点或[倒角(C)/标高/(E)/圆角(F)/厚度(T)/宽度(W)]:C
指定矩形的第一个倒角距离<0.0000>:5
指定矩形的第二个倒角距离<5.0000>:
指定第一个角点或[倒角(C)/标高(E)/圆角(F)/厚度(T)/宽度(W)]:
指定另一个角点或[面积(A)/尺寸(D)/旋转(R)]:

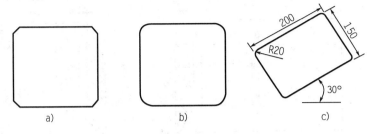

图 3-13　矩形各选项的含义(尺寸单位:cm)
a)倒角 C 选项的含义;b)圆角 F 选项的含义;c)选项 R 的含义

指定矩形圆角半径,绘制带圆角的矩形的操作命令如下:
命令:_rectang
指定第一个角点或[倒角(C)/标高(E)/圆角(F)/厚度(T)/宽度(W)]:F
指定矩形的圆角半径<0.0000>:10
指定第一个角点或[倒角(C)/标高(E)/圆角(F)/厚度(T)/宽度(W)]:
指定另一个角点或[面积(A)/尺寸(D)/旋转(R)]:


命令:_rectang
指定第一个角点或[倒角(C)/标高(E)/圆角(F)/厚度(T)/宽度(W)]:f
指定矩形的圆角半径<0.0000>:20
指定第一个角点或[倒角(C)/标高(E)/圆角(F)/厚度(T)/宽度(W)]:
指定另一个角点或[面积(A)/尺寸(D)/旋转(R)]:R
指定旋转角度或[拾取点(P)]<0>:30
指定另一个角点或[面积(A)/尺寸(D)/旋转(R)]:D
指定矩形的长度<10.0000>:200
指定矩形的宽度<10.0000>:150
指定另一个角点或[面积(A)/尺寸(D)/旋转(R)]:

厚度 $T$ 用于绘制具有一定厚度的矩形,宽度 $W$ 用于绘制具有一定宽度的矩形,面积 $A$ 用于绘制确定面积的矩形。

**思考**:绘制完倒角或圆角矩形后,如何返回绘制一般矩形特性?

**提示**:倒角距离、圆角半径、厚度、线宽等数据设置后,以后再执行矩形命令则把这些数据作为当前值。还原一般矩形的操作命令如下:

命令:
RECTANG
当前矩形模式:倒角=10.0000×15.0000
指定第一个角点或[倒角(C)/标高(E)/圆角(F)/厚度(T)/宽度(W)]:C
指定矩形的第一个倒角距离<10.0000>:0
指定矩形的第二个倒角距离<15.0000>:0
指定第一个角点或[倒角(C)/标高(E)圆角(F)/厚度(T)/宽度(W)]:
指定另一个角点或[尺寸(D)]:

【实训 3-5】 用矩形、图案填充命令绘制沉井图(图 3-14)。

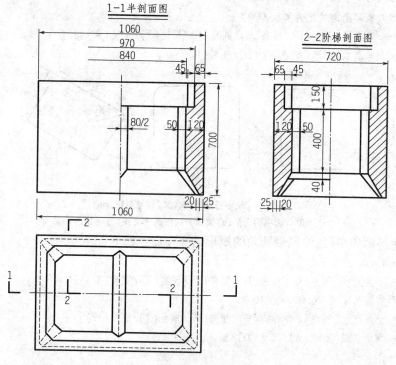

图 3-14 沉井图

**操作步骤:**

1. 绘制沉井外形图

分别绘制三个矩形框,大小为 1060×700、1060×720、720×700 满足投影规律。

命令:_rectang

指定第一个角点或[倒角(C)/标高(E)/圆角(F)/厚度(T)/宽度(W)]:

指定另一个角点或[尺寸(D)]:@1060,700

命令:_explode

选择对象:指定对角点:找到 1 个　　　　　　　　　　　←把矩形分解成独立的四条边

命令:_offset

当前设置:删除源=否　图层=源　OFFSETGAPTYPE=0

指定偏移距离或[通过(T)/删除(E)/图层(L)]<通过>:65　　　　　　　　　←偏移命令

选择要偏移的对象,或[退出(E)/放弃(U)]<退出>:

指定要偏移的那一侧上的点,或[退出(E)/多个(M)/放弃(U)]<退出>:

选择要偏移的对象,或[退出(E)/放弃(U)]<退出>:

**提示:** 该沉井图主要是运用偏移与倒角矩形命令完成。

2. 绘制内部顶端的八棱柱

分别绘制三个倒角矩形框,倒角大小为 45,大小为 930×590;倒角大小为 50,大小为 820×480;倒角大小为 20,大小为 1010×670。

**操作命令:**

命令:_rectang

指定第一个角点或[倒角(C)/标高(E)/圆角(F)/厚度(T)/宽度(W)]:C
指定矩形的第一个倒角距离<0.0000>:45
指定矩形的第二个倒角距离<45.0000>:45
指定第一个角点或[倒角(C)/标高(E)/圆角(F)/厚度(T)/宽度(W)]:
指定另一个角点或[尺寸(D)]:@930,590

命令:_move
选择对象:找到1个
选择对象:
指定基点或[位移(D)]<位移>:指定第二个点或<使用第一个点作为位移>:

## 二、化整为零——分解命令

"分解命令"用于将块、尺寸、多段线等组合对象分解成它们的组成成分,分解后可对它们的各个组成部分单独进行操作。

命令调用方式:

◆ 命令行:输入 EXPLODE

◆ 命令快捷键:EX

◆ 菜单命令:选择【修改】/【分解】选项

◆ 工具栏:单击【修改】/【分解】图标按钮

## 三、等距离复制——偏移命令

命令调用方式:

◆ 命令行:输入 OFFSET

◆ 命令快捷键:O

◆ 菜单命令:选择【修改】/【偏移】选项

◆ 工具栏:单击【修改】/【偏移】命令图标

"偏移 Offset"命令用于将直线、圆弧、圆、椭圆、多边形、多段线等选定的对象以指定距离或一个点创建新对象进行等距离(即平行)的复制即同心复制(平行复制)。新对象是封闭的图形(如圆、正多边形等),则偏移后的对象被放大或缩小,而源对象保持不变。

通过指定点创建新的偏移对象的操作命令:

命令:_offset
当前设置:删除源=否  图层=源  OFFSETGAPTYPE=0
指定偏移距离或[通过(T)/删除(E)/图层(L)]<通过>:65                    ←输入距离值
选择要偏移的对象,或[退出(E)/放弃(U)]<退出>:
指定要偏移的那一侧上的点,或[退出(E)/多个(M)/放弃(U)]<退出>:
选择要偏移的对象,或[退出(E)/放弃(U)]<退出>:

思考:运用矩形、图案填充命令绘制盖板涵涵身断面,见图3-15。

注意:各定位尺寸以及用不同的图案填充的图样来表示各构件的材料。

## 四、图案填充命令

在一张工程图纸中,如边沟或挡土墙砌筑材料不同,可用不同图案以填充其区域,这个过程称为图案填充。例如,在进行公路、桥涵设计时,不同的材质需要利用不同的填充图案来表达。

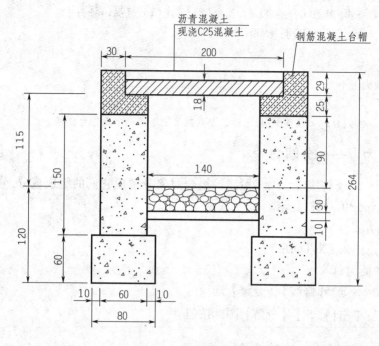

图 3-15　盖板涵涵身断面

**1. 图案填充的边界**

图形中的一个区域,如果是由直线、圆或者圆弧围成的边界,那么就可以在这个区域内填充图案。

**2. 图案填充**

命令调用方式:

◆ 命令行:输入 BHATCH

◆ 命令快捷键:H

◆ 菜单命令:选择【绘图】/【图案填充】

◆ 工具栏:单击【绘图】工具条中的图案填充按钮

图边界图案填充各选项卡含义如图 3-16 所示。

AutoCAD 提供的图案选择如图 3-17 所示。

**3. 图案填充的编辑**

图案填充的编辑功能是用于修改已经生成的填充图案或用一个新的图案替换以前生成的图案。另外,该命令还可以改变一个已经生成的填充对象的图案类型。

命令调用方式:

◆ 命令行:HATCHEDIT

◆ 菜单栏:修改→图案填充

◆ 工具栏:单击"修改 II"工具栏→ 按钮

Fill 命令用于控制填充图案的可见性。

填充图案显示的操作命令：
命令：fill
输入模式[开(ON)/关(OFF)]<开>：

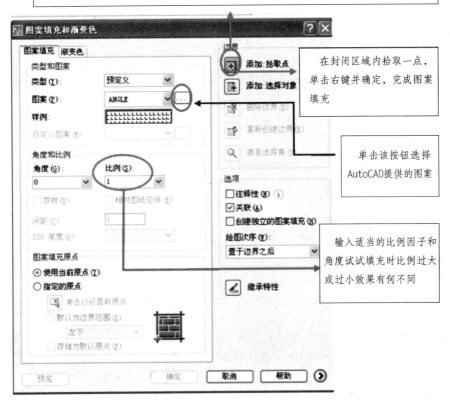

图 3-16　边界图案填充

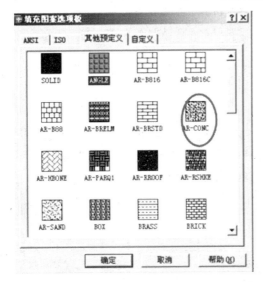

图 3-17　图案选择

# 任务三  绘制多段线构成的平面图形

**学习要点**

1. 多段线命令。
2. 多线命令。
3. 正多边形。

在教师指导下,由学生共同完成坡度箭头的绘制以及理解多段线各参数的含义,桥墩平面图和板梁的绘制。

【实训3-6】 绘制箭头标志(图3-18)。

图3-18  坡度箭头的绘制

**操作命令:**

命令:_pline
指定起点:
当前线宽为 0.0000
指定下一个点或[圆弧(A)/半宽(H)/长度(L)/放弃(U)/宽度(W)]:W
指定起点宽度 <0.0000>:1
指定端点宽度 <1.0000>:1                                     ←带有宽度的直线
指定下一个点或[圆弧(A)/半宽(H)/长度(L)/放弃(U)/宽度(W)]:
指定下一点或[圆弧(A)/闭合(C)/半宽(H)/长度(L)/放弃(U)/宽度(W)]:W
指定起点宽度 <1.0000>:10
指定端点宽度 <10.0000>:0                                    ←变宽度的箭头
指定下一点或[圆弧(A)/闭合(C)/半宽(H)/长度(L)/放弃(U)/宽度(W)]:
指定下一点或[圆弧(A)/闭合(C)/半宽(H)/长度(L)/放弃(U)/宽度(W)]:

**知识链接**

## 一、直与曲的结合——多段线

用"多段线"命令可以绘制由若干直线和圆弧连接而成的不同宽度的曲线或折线,并且都是一个实体,可以用"多段线修改(Pedit)"命令对其进行编辑。"多段线Pline"命令在实际绘图中,主要还是用来绘制具有宽度的直线、指针和箭头。

命令调用方式:

◆ 命令行:输入 PLINE
◆ 命令快捷键:PL
◆ 菜单命令:选择【绘图】/【多段线】选项
◆ 工具栏:单击【绘图】工具条中的【多段线】图标按钮

**思考:** 完成图 3-19,并理解多段线的各选项的含义。
**操作命令:**
命令:_pline
指定起点:
当前宽为 0.0000
指定下一个点或[圆弧(A)/半宽(H)/长度(L)/放弃(U)/宽度(W)]:W
指定起点宽度<0.0000>:
指定端点宽度<0.000>:10
指定下一个点或[圆弧(A)/半宽(H)/长度(L)/放弃(U)/宽度(W)]:A &larr;画圆弧
指定圆弧的端点或
[角度(A)/圆心(CE)/方向(D)/半宽(H)/直线(L)半径(R)/第二个点(S)/放弃(U)/宽度(W)]:D
指定圆弧的起点切向: &larr;设置切线方向画圆弧
指定圆弧的端点:50
指定圆弧的端点或
[角度(A)/圆心(CE)/闭合(CL)/方向(D)/半宽(H)/直线(L)/半径(R)/第二个点(S)/放弃(U)/宽度(W)]:W
指定起点宽度<10.0000>:5
指定端点宽度<5.0000>:5
指定圆弧的端点或
[角度(A)/圆心(CE)/闭合(CL)/方向(D)/半宽(H)/直线(L)/半径(R)/第二个点(S)/放弃(U)/宽度(W)]:L &larr;由圆弧状态转换成直线
指定下一点或[圆弧(A)/闭合(C)/半宽(H)/长度(L)/放弃(U)/宽度(W)]:<正交开>8
指定下一点或[圆弧(A)/闭合(C)/半宽(H)/长度(L)/放弃(U)/宽度(W)]:W
指定起点宽度<5.0000>:15
指定端点宽度<15.0000>:0
指定下一点或[圆弧(A)/闭合(C)/半宽(H)/长度(L)/放弃(U)/宽度(W)]:10
指定下一点或[圆弧(A)/闭合(C)/半宽(H)/长度(L)/放弃(U)/宽度(W)]:
[角度(A)/圆心(CE)/闭合(CL)/方向(D)/半宽(H)/直线(L)/半径(R)/第二个点(S)/放弃(U)/宽度(W)]:

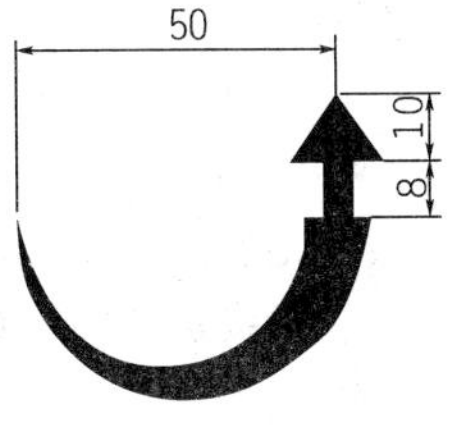

切换到画圆弧状态,各参数的含义如下:

A——指定圆弧的圆心角,正值时,逆时针画弧;负值则顺时针画弧。

CE——指定圆弧的圆心。

CL——用一段圆弧将此多段线闭合,用于闭合的圆弧与上一线段或圆弧相切。

D——指定圆弧的起点切向。

R——指定圆弧的半径。

S——指定圆弧的第二点。然后再指定圆弧的端点,以三点定圆弧方式画圆弧。

L——切换到画直线的方式。

**【实训 3-7】** 完成重力式桥墩(图 3-20)。
**操作命令:**
命令:_pline
指定起点:
当前线宽为 0.0000
指定下一个点或[圆弧(A)/半宽(H)/长度(L)/放弃(U)/宽度(W)]:50

图 3-19 多段线的绘制

指定下一点或[圆弧(A)/闭合(C)/半宽(H)/长度(L)/放弃(U)/宽度(W)]:A
指定圆弧的端点或
[角度(A)/圆心(CE)/闭合(CL)/方向(D)/半宽(H)/直线(L)/半径(R)/第二个点(S)/放弃(U)/宽度(W)]:25
指定圆弧的端点或
[角度(A)/圆心(CE)/闭合(CL)/方向(D)/半宽(H)/直线(L)/半径(R)/第二个点(S)/放弃(U)/宽度(W)]:1
指定下一点或[圆弧(A)/闭合(C)/半宽(H)/长度(L)/放弃(U)/宽度(W)]:50
指定下一点或[圆弧(A)/闭合(C)/半宽(H)/长度(L)/放弃(U)/宽度(W)]:A
指定圆弧的端点或
[角度(A)/圆心(CE)/闭合(CL)/方向(D)/半宽(H)/直线(L)/半径(R)/第二个点(S)/放弃(U)/宽度(W)]:CL

【实训 3-8】 绘制图板梁(图 3-21)。

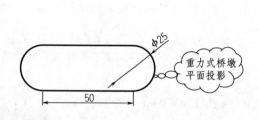

图 3-20  重力式桥墩平面投影

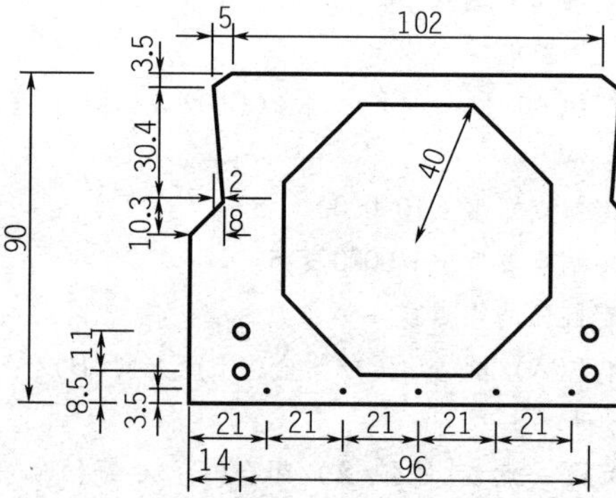

图 3-21  板梁图

操作步骤：

1. 绘制板梁外形图

**操作命令：**

命令：pl
PLINE
指定起点：
当前线宽为 0.0000
指定下一个点或[圆弧(A)/半宽(H)/长度(L)/放弃(U)/宽度(W)]:@-5,-3.5
指定下一点或[圆弧(A)/闭合(C)/半宽(H)/长度(L)/放弃(U)/宽度(W)]:@2,-30.4
指定下一点或[圆弧(A)/闭合(C)/半宽(H)/长度(L)/放弃(U)/宽度(W)]:@-8,-10.3
指定下一点或[圆弧(A)/闭合(C)/半宽(H)/长度(L)/放弃(U)/宽度(W)]:45.8
指定下一点或[圆弧(A)/闭合(C)/半宽(H)/长度(L)/放弃(U)/宽度(W)]:124
指定下一点或[圆弧(A)/闭合(C)/半宽(H)/长度(L)/放弃(U)/宽度(W)]:45.8
指定下一点或[圆弧(A)/闭合(C)/半宽(H)/长度(L)/放弃(U)/宽度(W)]:@-8,10.3
指定下一点或[圆弧(A)/闭合(C)/半宽(H)/长度(L)/放弃(U)/宽度(W)]:@2,30.4
指定下一点或[圆弧(A)/闭合(C)/半宽(H)/长度(L)/放弃(U)/宽度(W)]:@-5,3.5
指定下一点或[圆弧(A)/闭合(C)/半宽(H)/长度(L)/放弃(U)/宽度(W)]:C

2. 绘制板梁横断面内室轮廓线

**操作命令：**

用正多边形命令绘制板梁横断面内室轮廓线操作命令如下：

命令:_polygon 输入边的数目<4>:8
指定正多边形的中心点或[边(E)]:
输入选项[内接于圆(I)/外切于圆(C)]<I>:
指定圆的半径:40

**用圆命令绘制预应力板梁断面的钢绞线孔道操作命令如下:**

命令:_circle 指定圆的圆心或[三点(3P)/两点(2P)/相切、相切、半径(T)]:
指定圆的半径或[直径(D)]<2.0000>:

**圆环命令绘制预应力板梁断面的部分纵向普通主筋操作命令如下:**

命令:_donut
指定圆环的内径<0.5000>:0
指定圆环的外径<1.0000>:1.2
指定圆环的中心点或<退出>:509,413.5

3. 预应力钢筋大样图(图3-22)

图3-22 预应力钢筋大样图

**操作命令:**

命令:_pline
指定起点:
当前线宽为0.0000
指定下一个点或[圆弧(A)/半宽(H)/长度(L)/放弃(U)/宽度(W)]:630.6
指定下一点或[圆弧(A)/闭合(C)/半宽(H)/长度(L)/放弃(U)/宽度(W)]:A
指定圆弧的端点或
[角度(A)/圆心(CE)/闭合(CL)/方向(D)/半宽(H)/直线(L)/半径(R)/第二个点(S)/放弃(U)/宽度(W)]:CE
指定圆弧的圆心:@0,1000
指定圆弧的端点或[角度(A)/长度(L)]:A
指定包含角:-14
指定圆弧的端点或
[角度(A)/圆心(CE)/闭合(CL)/方向(D)/半宽(H)/直线(L)/半径(R)/第二个点(S)/放弃(U)/宽度(W)]:1
指定下一点或[圆弧(A)/闭合(C)/半宽(H)/长度(L),放弃(U)/宽度(W)]:@110.8<166
指定下一点或[圆弧(A)/闭合(C)/半宽(H)/长度(L),放弃(U)/宽度(W)]:@84<166
指定下一点或[圆弧(A)/闭合(C)/半宽(H)/长度(L),放弃(U)/宽度(W)]:

**注意:**用多段线一次绘制预应力钢筋大样图,其中圆弧段也可以用圆弧命令来绘制。

## 二、多段线的编辑:PEDIT

编辑多段线命令是针对用多段线命令PLINE命令画出的多段线的专门编辑命令。
命令调用方式:

◆ 命令行:输入PEDIT
◆ 命令快捷键:PE
◆ 菜单命令:选择【修改】/【对象】/【多段线】选项
◆ 工具栏:单击【修改Ⅱ】工具条中的【多段线】图标按钮

**提示**：执行多段线合并时，如果选择的不是多段线，则将提示是否转换成多段线，同时欲连接的各相邻对象必须在形式上彼此已经首尾相连，否则，将提示 0 条线段已添加到多段线。

**操作命令：**

命令：pedit

选择多段线或[多条(M)]：M

选择对象：找到 1 个

选择对象：找到 1 个，总计 2 个

选择对象：

输入选项

[闭合(C)/打开(O)/合并(J)/宽度(W)/拟合(F)/样条曲线(S)/非曲线化(D)/线型生成(L)/放弃(U)]：J

合关类型＝延伸

输入模糊距离或[合并类型(J)]<0.0000>：

多段线已增加 2 条线段

输入选项

[闭合(C)/打开(O)/合并(J)/宽度(W)/拟合(F)/样条曲线(S)/非曲线化(D)/线型生成(L)/放弃(U)]：

### 三、多线与多线编辑

【**实训 3-9**】 在教师指导下，由学生共同完成图 3-23 城市道路交叉口的绘制练习。分析该图的各道路的相互间的关系，设置多线样式并绘制道路平面交叉图。

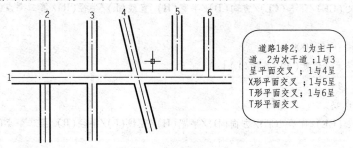

图 3-23 道路交叉口

**操作命令：**

绘制道路交叉口的多线操作命令如下：

命令：ml

MLINE

当前设置：对正＝上，比例＝20.00，样式＝STANDARD

指定起点或[对正(J)/比例(S)/样式(ST)]：

指定下一点：

指定下一点或[放弃(U)]：

编辑道路交叉口的多线操作命令如下：

命令：mledit

选择第一条多线：

选择第二条多线：

选择第一条多线或[放弃(U)]:

1. 多线命令

命令调用方式:

◆ 命令行:输入 MLINE

◆ 命令快捷键:ML

◆ 菜单命令:选择【绘图】/【多线】选项

◆ 工具栏:单击【绘图】工具条中的【多线】图标按钮

多线(Mline)命令用于绘制多条相互平行的线,每条线的颜色和线型可以相同,也可以不同,且其线宽偏移、比例、样式和端头交接方式都可以用 Mlstyle 命令控制。多线(Mline)命令在建筑工程上常用于绘制墙线。

操作命令:

命令:_mline

当前设置:对正 = 上,比例 = 20.00,样式 = STANDARD

指定起点或[对正(J)/比例(S)/样式(ST)]:

多线 Mline 命令样式缺省模式为双线,线宽为1,如果要使用其他样式,必须先用 Mlstyle 命令定义样式。选择菜单中的【格式 Format】/【多线样式 MlStyle…】命令。如图 3-24 所示。

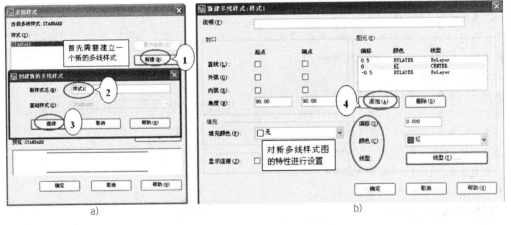

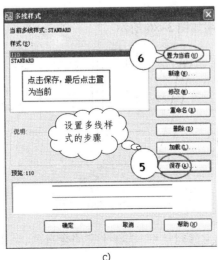

图 3-24 多线样式的设置

**思考**:绘制墙线图3-25。

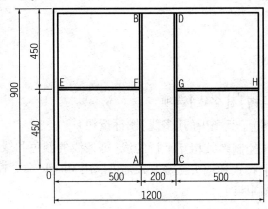

图3-25 墙线的绘制

**操作命令**:

命令:_mline
当前设置:对比=上,比例=20,00,样式=STANDARD
指定起点或[对正(J)/比例(S)/样式(ST)]:ST
输入多线样式名或[?]:WALL
输入多线比例<20.00>:24
当前设置:对正=下,比例=24.00,样式=WALL
指定起点或[对正(J)/比例(S)/样式(ST)]:
指定下一点:1200
指定下一点或[放弃(U)]:900
指定下一点或[闭合(C)/放弃(U)]:1200
指定下一点或[闭合(C)/放弃(U)]:C
当前设置:对正=无,比例=24.00,样式=WALL
指定起点或[对正(J)/比例(S)/样式(ST)]:S
输入多线比例<24.00>:12

**注意**:多线的比例关系。

2. 多线的应用

多线在城市道路中的应用如图3-26所示。

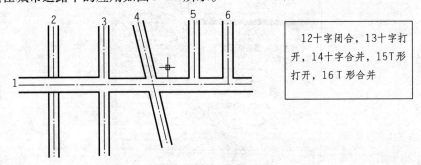

12十字闭合,13十字打开,14十字合并,15T形打开,16T形合并

图3-26 城市道路交叉图

操作提示如图3-27所示。

点击【修改】菜单/对象/多线对话框,选择十字闭合选项,点击确定。
命令:_mledit

选择第一条多线：←命令提示第一条多线时选择多线2，第二条多线选择多线1，然后按Enter键确认
选择第二条多线：
选择第一条多线或[放弃(U)]：

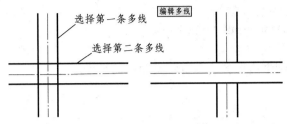

图3-27 操作提示

道路1跨2,1为主干道,2为次干道;1与3呈平面交叉;1与4呈X形平面交叉;1与5呈T形平面交叉;1与6呈T形平面交叉。

多线编辑工具如图3-28所示。

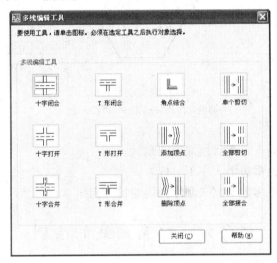

图3-28 多线的编辑

## 四、绘制六角螺母——正多边形

指定正多边形边数，缺省设置为正方形，可根据绘图需要键入3～1024之间任一数字，指定中心点或多边形一边，选择以什么方式绘制正多边形，键入值或用鼠标指定一半径值。

命令调用方式：

◆ 命令行：输入POLYGON
◆ 命令快捷键：POL
◆ 菜单命令：选择【绘图】/【正多边形】选项
◆ 工具栏：单击【绘图】/【正多边形】图标按钮 ◊

正多边形的绘制方式操作命令：

命令：_polygon 输入边的数目<5>:6
指定正多边形的中心点或[边(E)]:
输入选项[内接于圆(I)/外切于圆(C)]<I>:I
指定圆的半径:20

内接法:圆中心点到多边形端点距离为圆的半径。
命令:
POLYCON 输入边的数目<6>:
指定正多边形的中心点或[边(E)]:
输入选项[内接于圆(I)/外切于圆(C)]<I>:C
指定圆的半径:20

外切法:圆中心点到多边形各边垂直距离为圆的半径。
命令:
POLYGON 输入边的数目<6>:
指定正多边形的中心点或[边(E)]:E
指定边的第一个端点:指定边的第二个端点:20

用"正多边形(Polygon)"命令用于绘制正多边形有三种方法,如图3-29所示。

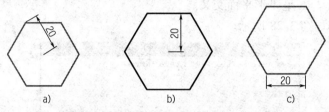

图3-29 正多边形的绘制
a)内接法;b)外切法;c)边长确定

说明:
(1)三种方式的共同点是都必须知道边数。
(2)同样的半径所绘多边形大小不一样。
(3)按边长方式绘正多边形默认顺序为逆时针方向。

## 任务四 样条曲线的绘制

 学习要点

1. 样条曲线。
2. 镜像命令。
3. 对象选择。

在教师指导下,由学生共同完成图3-30管状桩的绘制,注意桩截面的绘制,掌握镜像编辑技巧。

【实训3-10】 管状桩的绘制(图3-30)。
提示:用样条曲线绘制管状桩的断面,并用夹点编辑样条曲线。
操作步骤:
1. 绘制矩形
操作命令:
命令:_rectang
指定第一个角点或[倒角(C)/标高(E)/圆角(F)/厚度(T)/宽度(W)]:

指定另一个角点或[尺寸(D)]:@600,20

命令:_rectang
指定第一个角点或[倒角(C)/标高(E)/圆角(F)/厚度(T)/宽度(W)]:
指定另一个角点或[尺寸(D)]:@500,150

命令:_move
选择对象:指定对角点:找到1个
选择对象:
指定基点或位移:指定位移的第二点或<用第一点作位移>:

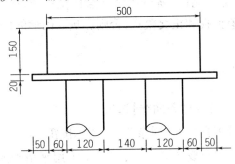

图 3-30 管状桩的绘制

**注意**:移动命令是一个很好的定位工具。

2. 绘制管桩
**操作命令**:
命令:_line 指定第一点:110
指定下一点或[放弃(U)]:
指定下一点或[放弃(U)]:

命令:_copy
选择对象:找到1个
选择对象:
指定基点或位移,或者[重复(M)]:指定位移的第二点或<用第一点作位移>:120

3. 绘制管桩的断面
**操作命令**:
命令:spl
SPLINE
指定第一个点或[对象(O)]:
指定下一点:
指定下一点或[闭合(C)/拟合公差(F)]<起点切向>:
提定下一点或[闭合(C)/拟合公差(F)]<起点切向>:
指定起点切向:
指定端点切向:

4. 镜像得另一根管桩
**操作命令**:
命令:_mirror
选择对象:指定对角点:找到3个

选择对象:
指定镜像线的第一点:指定镜像线的第二点:
是否删除源对象?[是(Y)/否(N)]<N>:

 知识链接

### 一、美的体现——样条曲线

重点提示:编辑样条曲线最为常用的方法是编辑夹持点来改变曲线的形状,"拖拖拉拉"法。通常曲线要求不是非常精确,所以利用夹点拉拉拖拖,便能得到所需要的形状。注意在进行修改时要关闭对象捕捉和正交模式,否则影响对图形的修改。

命令调用方式:

- 命令行:输入 SPLINE
- 命令快捷键:SPL
- 菜单命令:选择【绘图】/【样条曲线】选项
- 工具栏:单击【绘图】工具栏的【样条曲线】图标按钮

样条曲线是工程图的一个重要内容之一,但通常不用来精确的绘图,比较适合拉伸、修改,能够容易地得到需要的曲线。比如用绘样条曲线制等高线。

提示:样条曲线可以绘制等高线。

### 二、轴对称图形的绘制——镜像命令

命令调用方式:

- 命令行:输入 MIRROR
- 命令快捷键:MI
- 菜单命令:选择【修改】/【镜像】选项
- 工具栏:单击【修改】/【镜像】图标

镜像(Mirror)命令用于对选定的对象按照指定的镜像线对称复制。原对象可以删除,也可以保留。可以将图形中的个别图形实体进行镜像,也可将对称图形绘制一半后用该命令进行镜像而得到另一半。如图 3-31 所示。

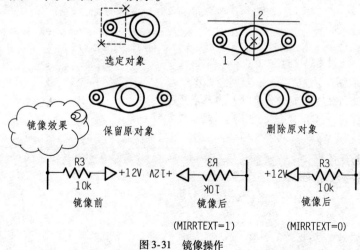

图 3-31 镜像操作

**注意**：当镜像操作对象中有文本时,镜像后的文本等对象的可读性由系统变量 MIRRTEXT 决定,其默认值是 1,即文字操作完全镜像,文字镜像后不具有可读性。当 MIRRTEXT 值是 0,文字镜像后具有可读性。

**操作技巧**：绘制工程图时,通常都需要利用轴线来定位,而且轴线通常为一组平行线,故利用偏移命令可以完成所有轴线的绘制,一般绘制一半图形,另一半则运用镜像命令完成。

**思考**：练习如何选择桥墩中的中间二号桩,总结选择图形对象的方法。

### 三、对象的选择

当执行一条编辑命令时,首先就要选择对象,选择对象称为构造选择集。

目标选择就是如何选择目标。在 AutoCAD 中,正确快速地选择目标是进行图形编辑的基础。只要进行图形编辑,就必须准确无误地通知 AutoCAD,将要对图形文件中的哪些实体(或目标)进行操作。在执行大多数的 AutoCAD 编辑命令时,都会要求选择一个或多个对象加以处理,这些对象的集合被称为"选择集"。

执行所有修改命令前都要先选择对象。对于大部分修改命令,可以选择任意数目的对象;而有些修改命令,AutoCAD 将限制只能选取一个对象,比如：DIVIDE 以及 MEASURE 命令;对于 FILLET 和 CHAMFER 命令,AutoCAD 要求选择两个对象;执行 DIST 和 ID 命令,AutoCAD 要求选择两个点。

命令调用方式：

◆ 命令行：OPTIONS /DDSELECT

◆ 菜单：工具→选项→选"选择"选项卡,如图 3-32 所示

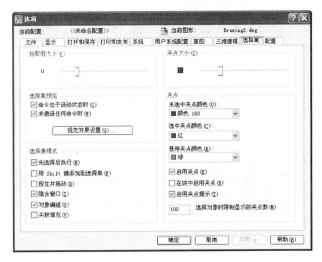

图 3-32　选项的含义

1. 创建选择集模式

先选择后执行：该选项设置为打开时,可以在"命令:"提示下,首先选择要进行编辑的实体目标,然后再执行相关的编辑命令。执行编辑命令前,选择目标,则实体上有若干的蓝色的小正方形,称之为"夹持点"。修剪 TRIM、延伸 EXTEND、打断 BREAK、倒角 CHAMFER 和圆角 FILLET 命令不支持"先选择后执行"选项。

建议先选择后执行的操作习惯,因为这样操作思路将十分清楚。选择方式如下：

用 Shift 键添加到选择集：关闭该复选框,可以直接用拾取框选择实体目标。如果要取

消某个已经选中的实体,只需先按下 Shift 键,再用鼠标单击该实体即可。

选中 Shift 键添加到选择集复选框:每次只能选择一个实体目标,而且原先已被选中的实体自动取消选择。若要选择多个实体,可先按下 Shift 键,再用鼠标单击将要添加的实体目标。

2．直接选择

点选及多重点选、W 窗口方式、C 交叉窗口方式、任意多边形 WP(CP) 选择对象、画折线选择对象 F、全部(ALL)方式、移出(R)方法、加入(ADD)方式、撤销(U)方式等。

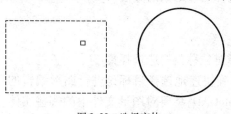

（1）点选

执行某个编辑命令,要求选择编辑对象,十字光标被一个小正方形拾取框所取代。最简单的办法是用拾取框直接点取对象,选择目标后,组成实体的边界轮廓线由原先的实线变成虚线,明显与未选择的实体区分开来。如图 3-33 所示。

图 3-33 选择实体

**注意**:一般利用拾取框只可选择单个实体。

（2）窗选

选取对象较多,在同一图层,窗选又可分为 Window 方式和 Crossing 方式两种方式。

①Window 方式:在"选择对象"提示下,单击鼠标选择第一对角点,从左向右移动鼠标至适当位置,再单击鼠标,即可看到绘图区内出现一个实线的矩形。只有全部被包含在该选择框中的实体目标才被选中。

②Crossing 方式:在"选择对象"提示下,单击鼠标选择第一对角点,从右向左移动鼠标至适当位置,再单击鼠标,即可看到绘图区内出现一个虚线的矩形。完全被包含在该选择框中的实体目标以及与选择框相交的实体均被选中。

**操作技巧**:Window 方式选择对象的方框为实线,Crossing 方式选择对象的方框为虚线。可以连续进行多次窗口选择,也可和点选方式结合使用。

（3）框选(Crossing)

在"选择对象"提示语句后输入 C,可执行此命令。单击鼠标选择第一对角点,不用考虑从左向右还是从右向左,移动鼠标至适当位置,再单击鼠标,窗口中完全被包含在该选择框中的实体目标以及与选择框相交的实体均被选中。

（4）栏选方式(Fence)

在"选择对象"提示语句后输入 F,可执行此命令。此时与绘制直线一样,左键单击一点,然后移动鼠标至第二点,单击,该折线穿越的所有对象将被选中,而且各段折线可以相交。

（5）全选方式(All)

在"选择对象"提示语句后输入 All,可执行此命令,它用于快速选取屏幕上的所有对象包括处于冻结或锁定图层中的对象。

**操作技巧**:

①最后选择方式(Last)可以选中最后创建的对象。

②前次选择方式(Previous)可以重新选中此命令前选中的一个选择集。

③删除选项(Remove)可以将不想选中的对象从选择集中剔除。

④加入选项(Add)可以回到选择对象的模式中重新选择对象。

3．快速选择命令

快速选择的操作步骤如下:

①执行【工具】/【快速选择】命令,弹出【快速选择】对话框。
②在对话框中,单击【选择对象】按钮,回到绘图区,选中全部图形,按 Enter 键确定。
③单击【确定】,得到选择后的效果。如图 3-34 所示。

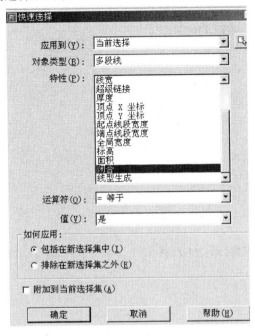

图 3-34 快速选择

## 任务五 圆、圆弧、椭圆的绘制

 学习要点

1. 圆命令。
2. 圆弧命令。
3. 圆环命令。
4. 椭圆命令。

在教师指导下,由学生共同完成回头曲线、道路交叉口的绘制,熟悉如何绘制圆弧,如何确定圆弧的起点、端点的位置,如何绘制斜直线,了解多线的含义。

【实训 3-11】 回头曲线的绘制(图 3-35)。
操作步骤:
1. 绘制轴线、直导线 1 和直导线 2
2. 绘制圆弧 1
命令:_arc 指定圆弧的起点或[圆心(C)]:
指定圆弧的第二个点或[圆心(C)/端点(E)]:C
指定圆弧的圆心:@0,-30

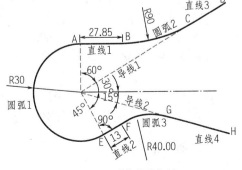

图 3-35 回头曲线的绘制

指定圆弧的端点或[角度(A)/弦长(L)]:A
指定包含角:210

3. 绘制直线1、2

命令:_line 指定第一点:
指定下一点或[放弃(U)]:@27.8461,0
指定下一点或[放弃(U)]:

命令:_line 指定第一点:
指定下一点或[放弃(U)]:@13.4315<30
指定下一点或[放弃(U)]:

4. 绘制圆弧2、3

命令:_arc 指定圆弧的起点或[圆心(C)]:
指定圆弧的第二个点或[圆心(C)/端点(E)]:C
指定圆弧的圆心:<正交开>90
到指定圆弧的端点或[角度(A)/弦长(L)]:per
到

命令:_arc 指定圆弧的起点或[圆心(C)]:C
指定圆弧的圆心:from
基点:<偏移>:@40<-60
指定圆弧的起点:per
到
指定圆弧的端点或[角度(A)/弦长(L)]:

## 知识链接

### 一、光滑衔接——圆与圆弧

命令调用方式:

◆ 命令行:输入 CIRCLE
◆ 命令快捷键:输入 C
◆ 菜单命令:选择【绘图】/【圆】选项
◆ 工具栏:单击【绘图】/【圆】图标按钮

**操作命令:**

命令:_circle 指定圆的圆心或[三点(3P)/两点(2P)/相切、相切、半径(T)]:
指定圆的半径或[直径(D)]<200.0000>:

**注意:**默认方式是指定圆的半径,也可以选择输入直径选项 D。

命令:_circle 指定圆的圆心或[三点(3P)/两点(2P)/相切、相切、半径(T)]:T
指定对象与圆的第一个切点:
指定对象与圆的第二个切点:
指定圆的半径<139.9787>:200

圆的几种操作方式,如图3-36所示。

### 二、圆弧的绘制

**操作技巧:**画圆弧的方向,在AutoCAD中,缺省设置的圆弧正方向为逆时针方向,即从起点向终点逆时针画弧。故所取的始末点顺序不同,将会画出不同方向的圆弧。

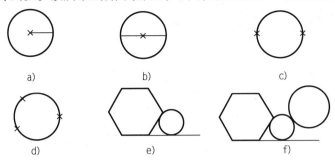

图 3-36 圆的操作方式

a)给定圆心和半径绘圆;b)给定圆心和直径绘圆;c)通过给定的 2 点绘圆;d)通过给定的 3 点绘圆;e)TTR(两切点和半径绘圆);f)TTT(三切点绘圆)

圆弧的操作方式如图 3-37 所示。绘制后的圆弧如图 3-38 所示。

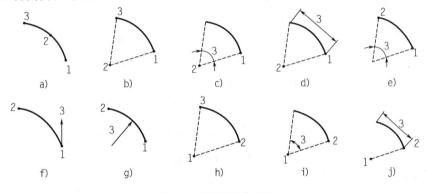

图 3-37 圆弧的操作方式

a)三点定圆弧;b)起点、圆心、端点定圆弧;c)起点、圆心、角度定圆弧;d)起点、圆心、弦长定圆弧;e)起点、端点角度定圆弧;f)起点、端点、方向定圆弧;g)起点、端点、半径定圆弧;h)圆心、起点、端点定圆弧;i)圆心、起点、角度定圆弧;j)圆心、起点、弦长定圆弧

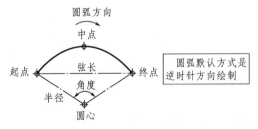

图 3-38 绘制后的圆弧

## 三、椭圆的绘制

椭圆是长轴与短轴的结合体。

命令调用方式:

- ◆ 命令行:输入 ELLIPSE
- ◆ 命令快捷键:EL
- ◆ 菜单命令:选择【绘图】/【椭圆】选项
- ◆ 工具栏:单击【绘图】/【椭圆】图标按钮

**操作命令：**

两轴方式的操作命令如下：

命令：ellipse

指定椭圆的轴端点或[圆弧(A)/中心点(C)]：

指定轴的另一个端点：

指定另一条半轴长度或[旋转(R)]：

中心点和两轴端点方式的操作命令如下：

命令：_ellipse

指定椭圆的轴端点或[圆弧(A)/中心点(C)]：C

指定椭圆的中心点：

指定轴的端点：

指定另一条半轴长度或[旋转(R)]：

### 四、圆环的绘制

工程图中绘制钢筋断面图常用圆环命令，指定内径为0，如图3-39所示。

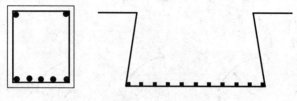

图3-39 钢筋断面图

命令调用方式：

◆ 命令行：输入 DONUT

◆ 命令快捷键：输入 DO

◆ 菜单命令：选择【绘图】/【圆环】选项

**操作命令：**

命令：do

DONUT

指定圆环的内径<10.0000>：0

指定圆环的外径<20.0000>：

指定圆环的中心点或<退出>：

【实训3-12】 绘制交叉口(图3-40)。

提示(图3-41)：

①绘制轴线；

②用"圆心/半径"的方法绘制半径为50的圆(注意定圆心)；

③偏移得中心线圆与外圆；

④用"相切/相切/半径"绘制半径为157的圆、半径为96的圆、半径为200的圆；

⑤修剪多余的线。

绘制各圆弧主要是利用圆弧间相切的几何关系，如绘制半径为96的圆的操作提示：

命令：_circle 指定圆的圆心或[三点(3P)/两点(2P)/相切、相切、半径(T)]：_ttr

指定对象与圆的第一个切点：

指定对象与圆的第二个切点：

指定圆的半径 <50.0000> :96

命令:_break 选择对象:
指定第二个打断点或[第一点(F)]:_F
指定第一个打断点:
指定第二个打断点:@

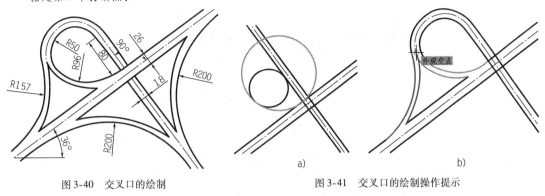

图 3-40 交叉口的绘制　　　　　　　图 3-41 交叉口的绘制操作提示

## 任务六　使用点等分对象

 学习要点

1. 点的定数等分与定距等分命令。
2. 块命令以及图块的属性定义与使用。

在教师指导下,由学生共同完成实训路线里程桩的绘制操作练习。掌握点的定距等分、定数等分命令,如何创建块以及图块的属性定义与使用等操作。

【实训 3-13】　绘制路线里程桩,根据所给转角点的坐标以及圆曲线半径绘制路线公里桩,如图 3-42 所示。

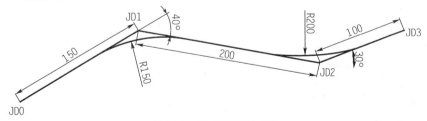

图 3-42 路线里程桩的设置

JD0:X = 48.3423, Y = 109.5000

JD1:X = 178.2461, Y = 184.5000, a1 = 40°, JD0 ~ JD1 = 150

JD2:X = 375.2077, Y = 149.7704, a2 = 30°, JD1 ~ JD2 = 200

JD3:X = 469.1770, Y = 183.9724, JD2 ~ JD3 = 100

操作步骤:

1. 绘制直线

利用 Excel 和 AutoCAD 结合绘制多段线(图 3-43)。

命令:pl
PLINE
指定起点:48.3423,109.5
当前线宽为 0.0000
指定下一个点或[圆弧(A)/半宽(H)/长度(L)/放弃(U)/宽度(W)]:178.2461,184.5
指定下一点或[圆弧(A)/闭合(C)/半宽(H)/长度(L)/放弃(U)/宽度(W)]:375.2077,149.7704
指定下一点或[圆弧(A)/闭合(C)/半宽(H)/长度(L)/放弃(U)/宽度(W)]:

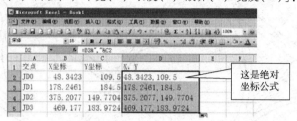

图 3-43　Excel 和 AutoCAD 结合绘制多段线

将 D 列坐标从上到下全部复制,再回到 AutoCAD 操作界面输入多段线命令 PLINE 绘制导线。

2．平曲线的绘制(分别绘制半径为 150、200 的圆弧)

命令:_circle 指定圆的圆心或[三点(3P)/两点(2P)/相切、相切、半径(T)]:T
指定对象与圆的第一个切点:
指定对象与圆的第二个切点:
指定圆的半径:150

3．运用打断命令、多段线合并命令将直线和圆弧合并成一个整体(图 3-44)

图 3-44　多段线的编辑
a)多段线合并前;b)合并后成为一整体

命令:_break 选择对象:
指定第二个打断点或[第一点(F)]:_F
指定第一个打断点:
指定第二个打断点:@

命令:pedit
选择多段线或[多条(M)]:M
选择对象:找到 1 个
选择对象:找到 1 个,总计 2 个
选择对象:找到 1 个,总计 3 个
选择对象:
是否将直线和圆弧转换为多段线?[是(Y)/否(N)]? <Y>
输入选项
[闭合(C)/打开(O)/合并(J)/宽度(W)/拟合(F)/样条曲线(S)/非曲线化(D)/线型生成(L)/放弃(U)]:J
合并类型 = 延伸
输入模糊距离或[合并类型(J)]<0.0000>:
多段线已增加 2 条线段
输入选项

[闭合(C)/打开(O)/合并(J)/宽度(W)/拟合(F)/样条曲线(S)/非曲线化(D)/线型生成(L)/放弃(U)]:

4. 定义块

定义块是指点击块的图标或者在命令行输入"B",打开块定义对话框给定块的名称、捕捉拾取点、选择对象即可,如图3-45所示。

图3-45 块定义

5. 运用点的定距等分命令绘制路线百米桩

命令:me

MEASURE

选择要定距等分的对象:

指定线段长度或[块(B)]:B

输入要插入的块名:百米桩

是否对齐块和对象?[是(Y)/否(N)]? <Y>:

指定线段长度:100

知识链接

一、点的绘制

命令调用方式:

◆ 命令行:输入 POINT

◆ 命令快捷键:输入 PO

◆ 菜单命令:选择【绘图】/【点】/【单点】/【多点】

◆ 工具栏:单击【绘图】工具条中的【点】按钮

提示:

①绘制点:AutoCAD 可以在指定的位置绘制出一系列的点,直到用户按 Esc 键,结束命令。

②定数等分 div:在选定的图形对象(如直线、圆弧、圆、多段线等)的等分处放置点或插入块,而不将所选图形对象分割成若干子对象。

③定距等分点 me:按给定的长度在图形对象上放置等分点标记或插入块。

**操作命令：**

命令：_point
当前点模式：PDMODE = 0    PDSIZE = 0.0000
指定点：　　　←通过光标拾取或输入坐标值指定点的位置，AutoCAD即在该位置绘制出相应的点
　　　　　　　　　　　　　　　　　　　　　　　　　←说明当前所绘制点的样式与大小

设置点的样式和大小，如图3-46所示。

思考：绘制图3-47，熟悉点的定数等分命令。

1. 点的定数等分命令

命令调用方式：

◆ 命令快捷键：输入 DIV

◆ 菜单命令：选择【绘图】/【点】/【定数等分】

命令：div
DIVIDE
选择要定数等分的对象：
输入线段数目或[块(B)]：4

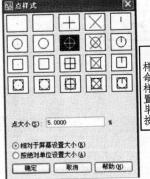

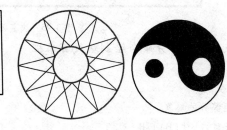

图3-46　点的样式设置　　　　　　　　图3-47　点的定数等分

2. 点的定距等分

命令调用方式：

◆ 命令快捷键：输入 ME

◆ 菜单命令：选择【绘图】/【点】/【定距等分】

命令：me
MEASURE
选择要定距等分的对象：
指定线段长度或[块(B)]：100

命令：me
MEASURE
选择要定距等分的对象：　　　　　　　　←执行此操作后，在等分点处插入块
指定线段长度或[块(B)]：b
输入要插入的块名：百米桩
是否对齐块和对象？[是(Y)/否(N)]？<Y>：
指定线段长度：100

**提示：** 用定距等分（measure）命令绘制点时，在"选择定距等分对象"提示下选择对应的对象后，总是从离选择点近的一端开始绘制点。

64

【实训 3-14】 建立带属性的 A3 图幅块(包含标题栏),掌握块的创建和插入方法,了解基本的块属性的调整与设置方法。

(1)块的创建练习。熟悉块的创建方法,掌握块的定义,块的 BLOCK 命令的使用。
(2)块的插入练习。熟悉块的插入方法,体会插入块 INSERT 等相关命令的使用。
(3)块的属性编辑。
(4)综合练习。

灵活使用已介绍的基本绘图命令、对象创建编辑命令以及块的创建、插入命令完成标准的带有属性的 A3 块的操作与插入。

操作步骤:

①绘制标准的 A3 图幅以及图框和标题栏,并创建为块,如图 3-48 所示。

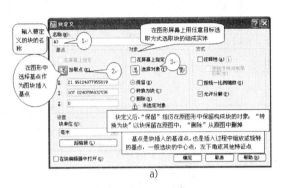
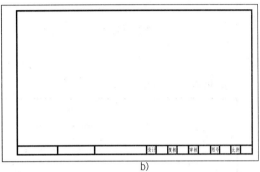

图 3-48　A3 图幅

②单击菜单【绘图】/【块】/【定义属性】。

属性就是块的文字说明。要创建块属性,首先应进行块的属性定义。块属性特征包括标记,标记就是块名。插入块时显示的提示、值、文字格式、位置和可选模式。创建属性定义之后,在定义块时将属性块选为对象。然后,插入块时,AutoCAD 就会在命令行使用设计的提示信息,并等待输入属性。对每个新的插入块,输入不同的属性值。要同时使用几个属性,先定义这些属性,然后将它们包括在同一块中。如图 3-49 所示。

带有属性的结果显示,如图 3-50 所示。

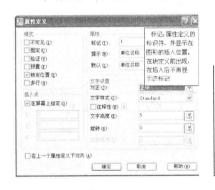
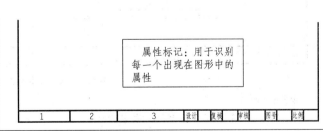

图 3-49　块属性的定义　　　图 3-50　属性块

③写块即创建外部块,以便被其他图形文件引用。

如果所作的块需作为文件保留,以便其他文件调用,那么还需写块操作 Wblock。写块可以创建图形文件,可作为块插入到其他图形中,并可以作为单独的图形文件存储。

该处源选择对象选项:包含熟悉的块作为一个整体对象写块。如图 3-51 所示。

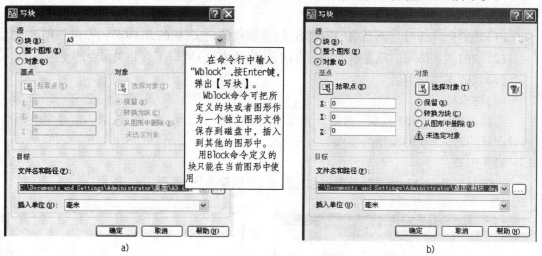

图 3-51 写块对话框

④插入块,如图 3-52 所示。

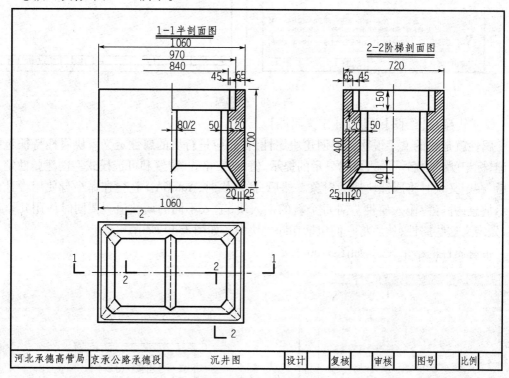

图 3-52 带图块的桥台图

命令:_insert

指定插入点[基点(B)/比例(S)/旋转(R)]:

输入属性值

图名<图名>:沉井图

工程名称<工程名称>:京承公路承德段

单位名称<单位名称>:河北承德高管局

**提示**:在插入带有可变属性的块时,系统显示的提示信息。插入时提示输入相应的属性值。

⑤单击菜单【修改】/【对象】/【属性】/【单个】,打开对话框,如图3-53所示。

图 3-53 块属性的编辑对话框

## 二、块命令

【实训3-15】 用块等分插入完成钟表的绘制。

块等分插入:可以沿着选定的对象以等间隔插入块,用 divide 命令以均匀间距插入块。如图3-54所示。

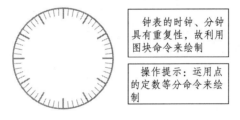

图 3-54 时钟图

**操作命令:**

绘制钟表的时钟刻画线的操作命令如下:

命令:div

DIVIDE

选择要定数等分的对象:

输入线段数目或[块(B)]:B

输入要插入的块名:110

是否对齐块和对象?[是(Y)/否(N)]<Y>:

输入线段数目:12

绘制钟表的分钟刻画线的操作命令如下:

命令:

DIVIDE

选择要定数等分的对象：
输入线段数目或[块(B)]:B
输入要插入的块名:220
是否对齐块和对象？[是(Y)/否(N)]<Y>:
输入线段数目:60

1．块的创建

AutoCAD总是把图块作为一个单独的、完整的对象来操作。图块就是将一些经常重复使用的对象组合在一起，形成一个整体，并按指定的名称保存起来，以后就可以根据作图需要将这组对象插入到图中任意指定位置，而不必重新绘制，被插入的图块可以根据图形设置不同的比例和旋转角，也可以对整个图块进行复制、移动、旋转、比例缩放、镜像、删除和阵列等操作。

块的优点如下：

①提高绘图效率。在AutoCAD中，经常要绘制一些重复出现的图形，创建块后就可以用块的插入命令来实现，即把绘图变成了拼图，避免了大量重复性工作，从而提高绘图效率。

②节省存储空间。

③便于修改图形。图纸中某个重复性的部分需要修改时，可以把其定义为块，对其中的块进行再定义就可以达到对这部分图的修改。

④可以添加属性。

命令调用方式：

◆ 命令行:输入BLOCK/BMAKE

◆ 命令快捷键:输入B

◆ 菜单命令:【绘图】/【块】/【创建】

◆ 工具栏:【绘图工具栏】/【创建块】按钮

当激活块的命令后，打开"块定义"的对话框，以对话框的方式创建块。

块定义的操作步骤，如图3-48所示。

2．块的插入（图3-55）

命令调用方式：

◆ 命令行:INSERT

◆ 菜单命令:【插入】/【块】

◆ 工具栏:【绘图工具栏】/【插入块】命令按钮

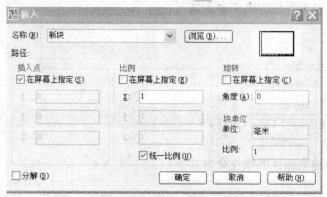

图3-55 块的插入

## 3. 写块

写块即创建外部块，以便被其他图形文件引用。如果所作的块须作为文件保留，以便其他文件调用，那么还需写块操作 Wblock。写块可以创建图形文件，可作为块插入到其他图形中，并可以作为单独的图形文件存储。

在命令行中输入"Wblock"，按 Enter 键，弹出【写块】对话框，如图 3-51a)所示。Wblock 命令可把所定义的块或者图形作为一个独立图形文件保存到磁盘中，插入到其他的图形中。用 Block 命令定义的块只能在当前图形中使用。

**思考**：绘制如图 3-56 所示图形，并将分别定义为外部块，块名为"窗 1"、"窗 2"、"门"。

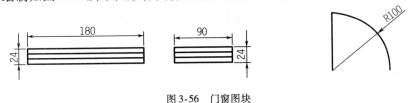

图 3-56 门窗图块

# 项目四　工程构造物的绘制

## 任务一　用构造线绘制三面投影图

### 学习要点

1. 构造线命令。
2. 修剪命令。

在教师指导下,由学生共同完成长方体以及八字翼墙的三面投影的绘制。掌握 AutoCAD 中如何利用构造线定位的方法,并能根据需要如何对图形进行修剪达到精确绘图的目的。

【实训 4-1】　根据投影的三对等规律完成长方体的三面投影,如图 4-1 所示。

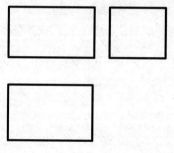

图 4-1　长方体的三面投影图

**提示**:长方体的三面投影要满足"长对正、高平齐、宽相等"。
**操作命令**:
长对正的操作命令如下:
命令:_xline 指定点或[水平(H)/垂直(V)/角度(A)/二等分(B)/偏移(O)]:V
指定通过点:
高平齐的操作命令如下:
命令:
XLINE 指定点或[水平(H)/垂直(V)/角度(A)/二等分(B)/偏移(O)]:H
指定通过点:

### 知识链接

#### 一、无限延伸的定位工具——构造线

命令调用方式:

- ◆ 命令行:输入 XLINE
- ◆ 命令快捷键:XL
- ◆ 菜单命令:选择【绘图】/【构造线】选项
- ◆ 工具栏:单击【绘图】工具栏中的【构造线】按钮

选项的含义如图 4-2 所示。

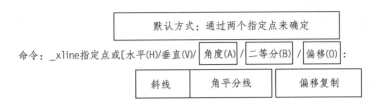

图 4-2 选项的含义

用"构造线(Xline)"命令绘制的无限长直线,通常称为参照线。这类线通常作为辅助作图线使用。在绘制三面投影图中,常用该命令绘制"长对正、高平齐、宽相等"的投影关系的辅助作图线。当绘制的图形比较大、比较复杂时,利用目测很难实现这样的要求,可以绘一些参照线作为辅助线,利用这些辅助线就可以很容易地绘出所需的图形。它在屏幕上显示出来,但是不能被打印出来。

【实训 4-2】 运用构造线完成图 4-3 涵洞口的八字翼墙的绘制。

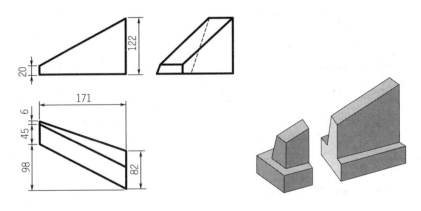

图 4-3 涵洞口的八字翼墙的绘制

**操作命令:**
命令:_line 指定第一点:
指定下一点或[放弃(U)]:20
指定下一点或[放弃(U)]:171
指定下一点或[闭合(C)/放弃(U)]:122
指定下一点或[闭合(C)/放弃(U)]:C

命令:xl
XLINE 指定点或[水平(H)/垂直(V)/角度(A)/二等分(B)/偏移(O)]:V
指定通过点:
LINE 指定第一点:
指定下一点或[放弃(U)]:51

指定下一点或[放弃(U)]:@171,-98
指定下一点或[闭合(C)/放弃(U)]:82
指定下一点或[闭合(C)/放弃(U)]:C

命令:_line 指定第一点:form
基点:<偏移>:@0,-6　　　　　　　　　　　　　　←注意利用捕捉自定点
指定下一点或[放弃(U)]:　　　　　　　　　　　　←利用平行捕捉定点

**注意**:利用捕捉自定点以及平行捕捉。每个面的投影关系利用构造线命令来完成,如图4-4所示。

## 二、锐利的剪刀——修剪命令

命令调用方式:
- ◆ 命令行:输入 TRIM
- ◆ 命令快捷键:TR
- ◆ 菜单命令:选择【修改】菜单/【修剪】选项
- ◆ 工具栏:单击【修改】工具栏中的【修剪】按钮

一般对象修剪模式:单击修剪命令按钮,选择修剪边界,按 Enter 键,单击不需要的部分,剪去多余的线条。如图 4-5 所示。

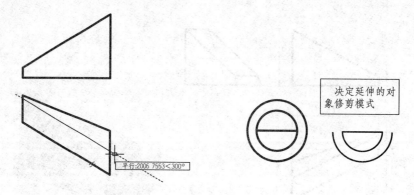

图 4-4　捕捉自与平行捕捉定点　　　　图 4-5　修剪模式操作提示

命令:_trim
当前设置:投影=UCS,边=延伸
选择剪切边…
选择对象或<全部选择>:找到 1 个
选择对象:
选择要修剪的对象,或按住 Shift 键选择要延伸的对象,或
[栏选(F)/窗交(C)/投影(P)/边(E)/删除(R)/放弃(U)]:
　决定延伸的对象修剪模式:
选择要修剪的对象,或按住 Shift 键选择要延伸的对象,或
[栏选(F)/窗交(C)/投影(P)/边(E)/删除(R)/放弃(U)]:E
输入隐含边延伸模式[延伸(E)/不延伸(N)]<延伸>:E
选择要修剪的对象,或按住 Shift 键选择要延伸的对象,或
[栏选(F)/窗交(C)/投影(P)/边(E)/删除(R)/放弃(U)]:

思考:练习绘制图 4-6 △ABC 在三面投影体系中的投影图。

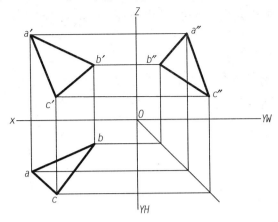

图 4-6　△ABC 在三面投影体系中的投影图

# 任务二　用图层绘制涵洞一字墙洞口三面投影图

 学习要点

1. 图层的设置。
2. 图层的属性。
3. 倒角命令。
4. 移动命令。

【实训 4-3】　涵洞一字墙洞口的绘制。

在教师指导下,由学生共同完成图 4-7 涵洞一字墙洞口的绘制,掌握图层的使用以及倒角命令、移动命令的操作。

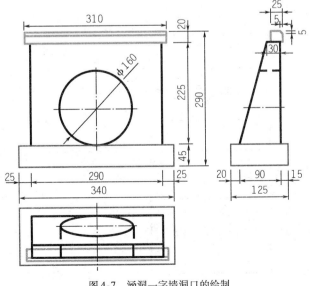

图 4-7　涵洞一字墙洞口的绘制

73

绘图提示：

（1）分析该图的组成以及各部分的形状，明白各部分之间应满足长对正、高平齐、宽相等。

（2）AutoCAD 基本操作练习。

①如何设置图层和属性的使用？

②如何运用构造线满足投影规律长对正、高平齐、宽相等？

③如何绘制椭圆？

操作步骤：

（1）设置图层，如图 4-8 所示。

命令调用方式：

◆ 命令行：LAYER

◆ 命令快捷键：LA

◆ 菜单命令：打开【格式】菜单，单击【图层】命令

◆ 工具栏：单击【图层】工具栏上的【图层】按钮

图 4-8　图层的设置

（2）基础层置为当前层，并绘制基础 V 面投影矩形，如图 4-9 所示。

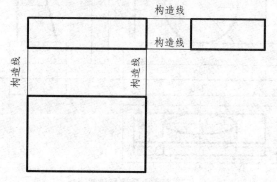

图 4-9　基础的绘制

(3)调用构造线绘制 H、W 面投影。

(4)绘制墙身,如图 4-10 所示。

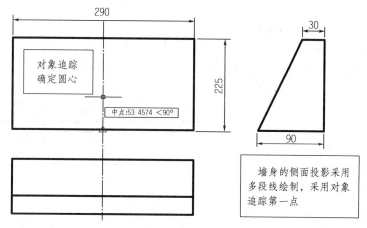

图 4-10 墙身的绘制

**操作命令**(图 4-11):

用多段线命令绘制墙身侧面投影操作命令如下:

命令:_pline

指定起点:20

当前线宽为 0.0000

指定下一个点或[圆弧(A)/半宽(H)/长度(L)/放弃(U)/宽度(W)]:90

指定下一点或[圆弧(A)/闭合(C)/半宽(H)/长度(L)/放弃(U)/宽度(W)]:225

指定下一点或[圆弧(A)/闭合(C)/半宽(H)/长度(L)/放弃(U)/宽度(W)]:30

指定下一点或[圆弧(A)/闭合(C)/半宽(H)/长度(L)/放弃(U)/宽度(W)]:C

也可任意定点绘制墙身侧面投影,然后利用移动命令完成定位,用移动命令定位墙身侧面投影的位置操作命令如下:

命令:

MOVE

选择对象:找到 1 个

选择对象:

指定基点或位移,指定位移的第二点或<用每一点作位移>:15

用对象追踪确定圆的圆心,再确定半径绘制圆操作命令如下:

命令:circle 指定圆的圆心或[三点(3P)/两点(2P)/相切、相切、半径(T)]:80

指定圆的半径或[直径(D)]:80

用确定椭圆的中心点和端点及另一半轴长度绘制椭圆操作命令如下:

命令:_ellipse

指定椭圆的轴端点或[圆弧(A)/中心点(C)]:C

指定椭圆的中心点:

指定轴的端点:

指定另一条半轴长度或[旋转(R)]:

(5)绘制缘石,如图 4-12 所示。

**操作命令:**

命令:_chamfer

("修剪"模式)当前倒角距离 1 = 0.0000,距离 2 = 0.0000
选择第一条直线或[放弃(U)/多段线(P)/距离(D)/角度(A)/修剪(T)/方式(E)/多个(M)]:D
指定第一个倒角距离 <0.0000>:5
指定第二个倒角距离 <5.0000>:5
选择第一条直线或[放弃(U)/多段线(P)/距离(D)/角度(A)/修剪(T)/方式(E)/多个(M)]:
选择第二条直线,或按住 Shift 键选择要应用角点的直线:

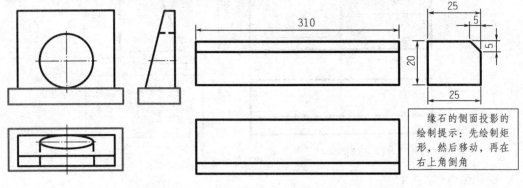

图 4-11　墙身的三视图　　　　　　　　　图 4-12　缘石的绘制

 **知识链接**

### 一、图层

**1. 图层的定义**

AutoCAD 使用图层来管理和控制复杂的图形。在绘图中,可以将不同种类和用途的图形分别置于不同的图层,从而实现对相同种类图形的统一管理。

形象的说,一个图层就像一张透明图纸,可以在不同的透明图纸上面分别绘制不同的实体,最后再将这些透明图纸叠加起来,从而得到最终复杂图形。在屏幕上看到的图形实际上是若干层图形叠加的结果。如图 4-13 所示。

图 4-13　图层的分层绘图原理

建立图层的优点:
①节省存储空间;
②控制图形的颜色、线条宽度、线型等属性;
③统一控制同类图形的显示、冻结等特性。

AutoCAD 允许建立无限多个图层,可以根据需要建立图层,并为每个图层指定相应的名称、线型、颜色。熟练应用图层可大大提高工作效率和图形的清晰度,尤其在复杂的图形中尤其明显。

**2. 图层的设置与管理**

(1)图层的设置

先打开图层特性管理器,然后进行图层、线型、线宽的设置。如图 4-14 所示。

图层的线型设置如图 4-15 所示。

**提示**:标准线型库对虚线的间距、中心线的长划、短划和间距已经事先设定。绘制工程图时,虚线和点划线往往不能正常显示,在【格式】/【线型】中修改比例。如图4-16所示。

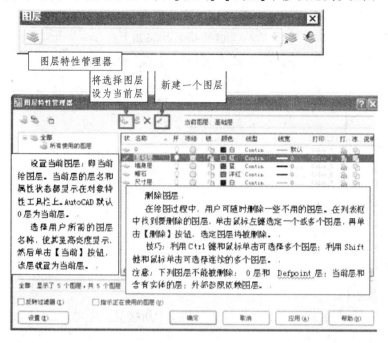

图4-14 图层特性管理

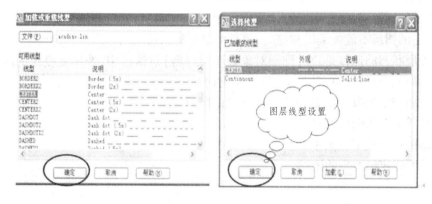

图4-15 线型的设置

图4-16 线型比例的设置

(2)图层管理

对图层管理熟练与否,直接影响到绘图效率的提高。AutoCAD 提供了一组状态开关,用以控制图层状态属性,如图 4-17 所示。这些状态开关如下:

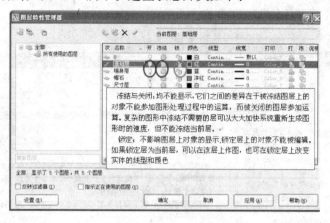

图 4-17　图层特性管理器

①改变图层名称:

**提示**:利用鼠标左键修改图层名称被更多的用户所接受。先单击一次欲修改图层的"图层名",第二次单击"图层名"时将使图层名称"高亮"显示,并带有闪烁的光标,此时可以输入图层的新名称。

②锁定/解锁图层:锁定图层时,图层上的内容仍旧可见,并且能够进行捕捉和添加新操作对象,锁定的图层不能被编辑和修改,但是可以被显示和输出打印。

控制图层状态的操作是:在【图层对象特性管理器】对话框中,选择要操作的图层,单击开关状态图标进行设置,单击【确定】按钮完成状态设置。

更改对象图层的操作步骤,图层的修改如图 4-18 所示。

a. 选择要更改其图层的对象;

b. 单击图层属性下拉菜单;

c. 选择要指定给对象的图层。

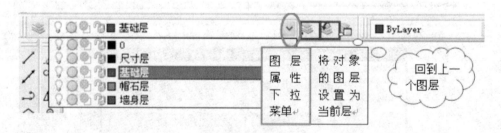

图 4-18　图层的修改

绘图时要把某个对象设定在其他图层,使用图层工具栏中的编辑框。可以非常方便地将包含一个或多个对象的图层修改为另一图层。

使用图层时应注意以下两个概念:

a. 0 层。每当进入 AutoCAD 开始绘制一幅新图时,系统都要自动建立一个层,该层层名始终为"0",故称为 0 层。用户不能修改 0 层的层名,也不能删除该层。但可以重新设置它的颜色和线型。0 层的缺省颜色为白色,缺省线型为连续实线。

b. 当前层。在一幅图纸的众多层里，用户只能在其中一个层上绘图，该层便称为当前层。也就是说，只能选择一个层作为当前层，用户绘制的图形都是在当前层上。用户可以将已建立的任意一个层设置为当前层。

**【实训4-4】** 分别建立以下图层：

实线图层：颜色为黑色，线型为实线。

虚线图层：颜色为蓝色，线型为虚线。

中心线图层：颜色为红色，线型为点划线，并把中心线层置为当前层。

## 二、挪移之术——移动命令

用于将一个或多个对象从原来位置移到新的位置，其大小和方向保持不变。

命令调用方式：

- ◆ 命令行：输入 MOVE
- ◆ 命令快捷键：M
- ◆ 菜单命令：选择【修改】/【移动】选项
- ◆ 工具栏：单击【修改】/工具栏【移动】图标按钮

**操作命令：**

命令：_move

选择对象：找到 1 个

选择对象：

指定基点或位移：指定位移的第二点或＜用第一点作位移＞：

**注意：** 在屏幕上指定两个点，这两点的距离和方向代表了实体移动的距离和方向。

**提示：** 指定移动的基准点，捕捉第二点或输入第二点相对于基准点的相对直角坐标或极坐标。以"X、Y"方式输入对象沿 X、Y 轴移动的距离，或用"距离∠角度"方式输入对象位移的距离和方向。

## 三、倒角命令

倒角命令是为构件切角的命令。

命令调用方式：

- ◆ 命令行：输入 CHAMFER
- ◆ 命令快捷键：CHA
- ◆ 菜单命令：选择【修改】/【倒角】选项
- ◆ 工具栏：单击【修改】/【倒角】图标按钮

倒角有距离倒角和角度倒角两种操作方式，如图4-19所示。

**操作命令：**

命令：_chamfer

("修剪"模式) 当前倒角距离 1 = 0.0000, 距离 2 = 0.0000

选择第一条直线或[放弃(U)/多段线(P)/距离(D)/角度(A)/修剪(T)/方式(E)/多个(M)]：D

指定第一个倒角距离＜0.0000＞：5

指定第二个倒角距离＜5.0000＞：

选择第一条直线或[放弃(U)/多段线(P)/距离(D)/角度(A)/修剪(T)/方式(E)/多个(M)]：

选择第二条直线，或按住 Shift 键选择要应用角点的直线：

以上操作命令中：

"多段线"是指表示对多段线作倒角编辑。

"角度"是指设定角度控制倒角。

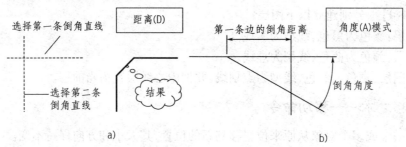

图 4-19 倒角的两种操作方式

a)距离倒角；b)角度倒角

**思考**：完成图 4-20，熟悉倒角命令的运用。

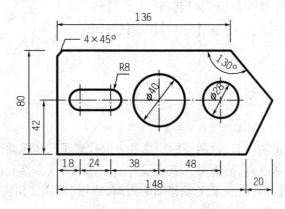

图 4-20 倒角命令的运用

**提示**：用长度和角度来完成倒角的操作时，长度是指第一条边被切去的长度，角度是指第一条边与最后完成的倒角边的夹角。

**操作命令**：

命令：_chamfer

("修剪"模式)当前倒角长度 = 0.0000，角度 = 0

选择第一条直线或[放弃(U)/多段线(P)/距离(D)/角度(A)/修剪(T)/方式(E)/多个(M)]:A

指定第一条直线的倒角长度 <0.0000>:32

指定第一条直线的倒角长度 <0>:50

选择第一条直线或[放弃(U)/多段线(P)/距离 (D)/角度(A)/修剪(T)/方式(E)/多个(M)]:

选择第二条直线，或按住 Shift 键选择要应用角点的直线：

用对象捕捉来确定倒角距离的操作命令如下：

命令：_chamfer

("修剪"模式)当前倒角长度 = 32.0000，角度 = 50

选择第一条直线或[放弃(U)/多段线(P)/距离(D)/角度(A)/修剪(T)/方式(E)/多个(M)]:D

指定第一个倒角距离 <0.0000>:20

指定第二个倒角距离 <20.0000>:指定第二点：

选择第一条直线或[放弃(U)/多段线(P)/距离(D)/角度(A)/修剪(T)/方式(E)/多个(M)]:

选择第二条直线，或按住 Shift 键选择要应用角点的直线：

## 四、圆角命令

圆角命令是为构件切圆角的命令。

命令调用方式：

◆ 命令行:输入 FILLET
◆ 命令快捷键:F
◆ 菜单命令:选择【修改】/【圆角】选项
◆ 工具栏:单击【修改】/工具栏的【圆角】图标按钮

**操作命令：**

命令:_fillet
当前设置:模式 = 修剪,半径 =0.0000
选择第一个对象或[放弃(U)/多段线(P)/半径(R)/修剪(T)/多个(M)]:R
指定圆角半径<0.0000>:20
选择第一个对象或[放弃(U)/多段线(P)/半径(R)/修剪(T)/多个(M)]:
选择第二个对象,或按住 Shift 键选择要应用角点的对象:

工程运用:利用圆角命令绘制两端带弯钩的直筋,如图 4-21 所示。

图 4-21 钢筋

**操作命令：**

命令:_fillet
当前设置:模式 = 修剪,半径 =0.0000
选择第一个对象或[放弃(U)/多段线(P)/半径(R)/修剪(T)/多个(M)]:
选择第二个对象,或按住 Shift 键选择要应用角点的对象:

思考:重力式桥墩平面图的绘制,如图 4-22 所示。

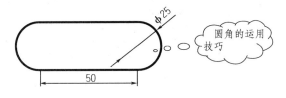

图 4-22 重力式桥墩平面图

# 任务三 桥墩图的绘制

 **学习要点**

图形复制编辑命令:多重复制、阵列。

【实训 4-5】 在教师指导下,由学生共同完成桥墩图(图 4-23)的操作练习,可用不同的方法绘制。

实训内容:

①分析该图的组成以及各部分的形状,明白各部分之间应满足长对正、高平齐、宽相等。

②AutoCAD 基本操作练习:

a. 练习如何建立图层,如何设置对象线型以及线型比例;

b. 掌握如何利用多重复制、阵列、镜像、偏移编辑功能绘制复杂的二维图形,并分析其绘图技巧。

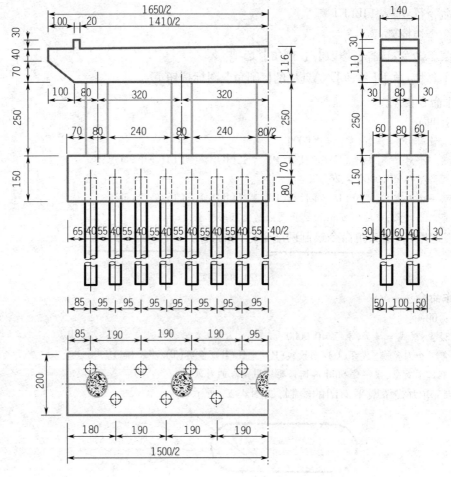

图 4-23 桥墩图

**思考**:该桥墩由哪几个部分组成?如何快速地绘制?

**提示**:

a. 分析该图的特点及组成部分;

b. 建立图层(墩帽层、立柱层、承台层、群桩、虚线层、中心线层);

c. 利用图形对称的特点运用绘图技巧(镜像、阵列、复制)。

操作步骤:

1. 建立桥墩各构件的图层

单击【对象特性】工具栏上的【图层】命令按钮,图 4-24 所示。

2. 绘制桥墩的对称中心线并设置线型比例

(1)线型的设置(图 4-25)

命令调用方式:

◆ 命令行:输入 LINETYPE

◆ 命令快捷键:LT
◆ 菜单栏:菜单【格式】/【线型】
◆ 工具栏:对象特性工具栏/【线型控制】

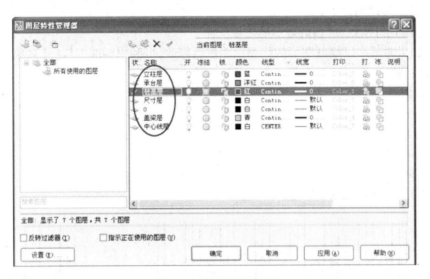

图4-24 图层特性管理器

图4-25 线型控制

执行命令后,AutoCAD弹出线型管理器对话框,如图4-26所示。

a)

b)

图4-26 线型管理器对话框

(2)线型比例设置

每种线型都是由已定义的实线段、空白段、点或文本、形组成,显示在屏幕上或绘制在图纸上的长度为其定义长度与线型比例的乘积。使用系统变量 ltscale 存放线型比例值。若显示或绘制图形时线型显示不符合要求(空白段太大或太小),可以对线型比例重新设置。

采用虚线、点划线等线型时,需要调整线型比例因子,以控制线型的外观。

操作步骤:
①单击【格式】/【线型】,打开【线型管理器】对话框。
②在【线型管理器】对话框中点击【显示细节】按钮,显示已经加载线型的详细信息。
③调整【全局比例因子】数值。
④单击【确定】按钮,线型的显示随之改变。
**提示**:如果对某个已绘制图形的线型比例进行修改,可利用标准工具栏【对象特性】按钮选项卡中进行修改。

**操作命令**:
命令:lts
LTSCALE 输入新线型比例因子 <1.0000>:10
正在重生成模型。

3.绘制群桩基础与承台
①绘制群桩基础(图4-27)。

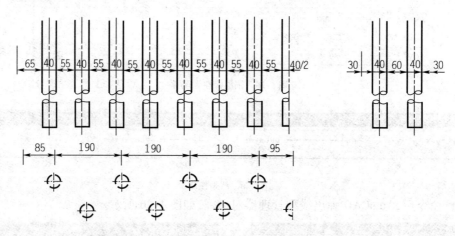

图4-27 群桩基础的绘制

**提示**:该群桩的绘制运用偏移复制 OFFSET、镜像复制 MIRROR、阵列复制 ARRAY 完成。图4-28所示。间距为正值将使阵列沿 X 轴或 Y 轴正方向阵列,或阵列角度为正值沿逆时针方向阵列,负值则相反。

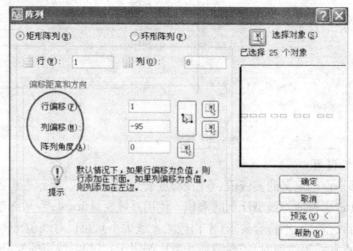

图4-28 群桩的阵列绘制参数

②绘制第二部分承台,如图 4-29 所示。

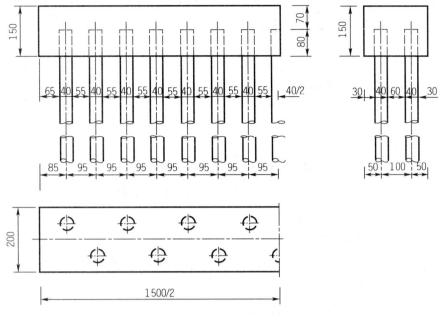

图 4-29 群桩与承台的绘制

**操作命令:**

承台尺寸为 1500×200×150,故绘制矩形 750×150;200×150。

命令:_rectang

指定第一个角点或[倒角(C)/标高(E)/圆角(F)/厚度(T)/宽度(W)]:

指定另一个角点或[面积(A)/尺寸(D)/旋转(R)]:@ -750,150

承台侧面与桩的定位:

命令:_move

选择对象:指定对角点:找到 1 个

选择对象:

指定基点或[位移(D)]<位移>:指定第二个点或<使用第一个点作为位移>:30

4. 绘制立柱与盖梁(图 4-30)。

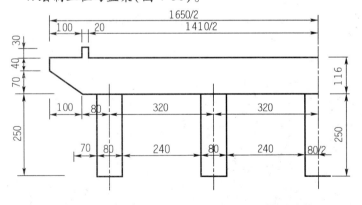

图 4-30 盖梁的绘制

**操作命令:**

命令:_line 指定第一点:

指定下一点或[放弃(U)]:725

指定下一点或[放弃(U)]:@-100,70
指定下一点或[闭合(C)/放弃(U)]:40
指定下一点或[闭合(C)/放弃(U)]:100
指定下一点或[闭合(C)/放弃(U)]:30
指定下一点或[闭合(C)/放弃(U)]:20
指定下一点或[闭合(C)/放弃(U)]:30
指定下一点或[闭合(C)/放弃(U)]:@705,6

 **知识链接**

图形的复制有多重复制、镜像复制、偏移复制和阵列复制。

①多重复制 COPY：可绘少量的相同形状的图形，也可绘大量的相同形状的无规律的图形，若有规律，可用阵列复制。

②镜像复制 MIRROR：对称图形的复制。

③偏移复制 OFFSET：可复制封闭和未封闭图形，封闭图形可放大，也可缩小；偏移距离可为非负值；点、文本、图块不可偏移复制。

④阵列复制 ARRAY：有规律的图形。

1. 事半功倍的工具——复制命令

命令调用方式：

◆ 命令行：输入 COPY

◆ 命令快捷键：CO 或 CP

◆ 菜单命令：选择【修改】/【复制】选项

◆ 工具栏：单击【修改】/工具栏的【复制】命令图标

**操作命令：**

COPY

选择对象：找到 1 个　　　　　　　←选择一个或多个要复制的对象，选择完成后按 Enter 键确认

选择对象：

当前设置：复制模式 = 多个

指定基点或[位移(D)/模式(O)]<位移>：指定第二个点或<使用第一个点作为位移>：

指定第二个点或[退出(E)/放弃(U)]<退出>：

（1）单一复制（图4-31）

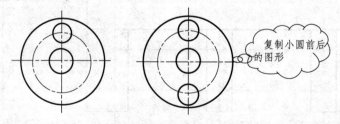

图4-31　单一复制

选项含义：

①若指定第二点，系统即以两点所确定的位移进行复制。

②指定位移，即键入 $X$、$Y$ 方向的位移分量，中间用逗号分开，按 Enter 键确认。

（2）多重复制（图4-32）

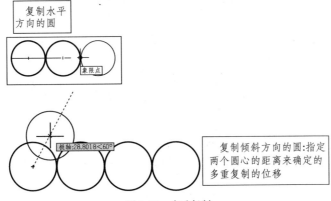

图4-32　多重复制

复制倾斜方向的圆操作命令：

命令：_copy

选择对象：找到1个

选择对象：

当前设置：复制模式=多个

指定基点或[位移(D)/模式(O)]<位移>：指定第二个点或<使用第一个点作为位移>：80

指定第二个点或[退出(E)/放弃(U)]<退出>：160

指定第二个点或[退出(E)/放弃(U)]<退出>：240

指定第二个点或[退出(E)/放弃(U)]<退出>：

复制与移动的区别，如图4-33所示。

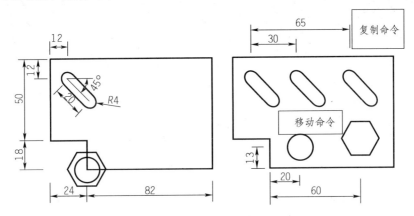

图4-33　复制与移动的区别

区别是MOVE命令将对象从一个位置重新定位到另一个新的位置，而COPY命令还在原来的位置保留对象并复制一个或者多个新的对象。

2. 有序排列图形——阵列命令（图4-34）

命令调用方式：

◆ 命令行：输入ARRAY

◆ 命令快捷键：AR

◆ 菜单命令：选择【修改】/【阵列】选项

◆ 工具栏：单击【修改】工具栏中/【阵列】命令图标按钮

**工程应用**:利用矩形阵列与环形阵列绘制桩基础断面图,如图 4-35 所示。

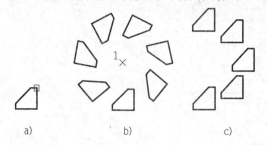

图 4-34 阵列效果图
a)选定对象;b)对象旋转的环形阵列;c)对象不旋转的环形阵列

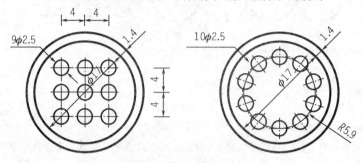

图 4-35 桩基础断面图

矩形桩基础断面阵列的操作,如图 4-36 所示。环形桩基础断面阵列的操作,如图 4-37 所示。

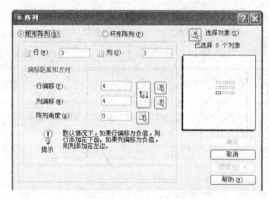

图 4-36 矩形阵列的操作

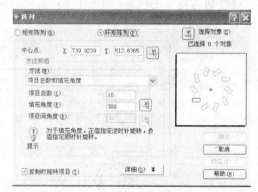

图 4-37 桩基础断面图的绘制

**工程应用**:利用矩形阵列绘制等间距钢筋网,如图 4-38 所示。

**工程应用**:利用环形阵列绘制灌注桩钢筋,如图 4-39 所示。

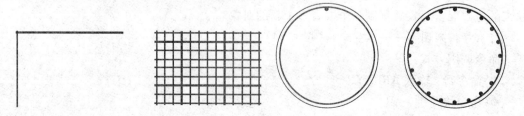

图 4-38 等间距钢筋网　　　　　　　图 4-39 灌注桩钢筋的绘制

**提示**:先测试箍筋周长,根据主筋间距和箍筋周长计算阵列的个数。

# 任务四  绘制纵断面图的资料部分

## 学习要点

1. 文字样式。
2. 单行文字。
3. 多行文字。
4. 输入特殊文字。
5. 编辑文字。

在教师指导下,由学生共同完成路线纵断面图资料部分的操作练习。熟悉单行文字、多行文字的使用,掌握文字式样与文字编辑的方法。

**【实训 4-6】** 完成纵断面图 4-40 的资料部分。

| 地质概况 | 普通黏土 | | | | | | 坚土 | | | | | |
|---|---|---|---|---|---|---|---|---|---|---|---|---|
| 坡度(%)／距离(m) | 3.0 | | | | | 600 | | | | 380 | | |
| 填高 | 1.3 | 6.25 5.40 | 1.48 1.50 0.8 | | | | | | | 1.80 | 3.5 | 6.81 |
| 挖深 | | | | 1.65 | 6.56 | 12.30 | 12.10 | 9.41 | 7.50 | 5.2 | 3.06 | |
| 设计高程 | 62.50 | 64.90 65.50 | 68.50 69.10 69.54 | 71.50 | 73.00 | 74.50 | 76.16 | 77.50 | 79.30 | 80.10 | 80.10 | 79.50 | 79.10 | 78.50 |
| 地面高程 | 61.20 | 58.65 60.10 | 67.02 67.60 68.74 | 73.15 | 79.56 | 86.80 | 88.26 | 86.91 | 86.80 | 85.30 | 83.16 | 77.70 | 75.60 | 71.69 |
| 里程桩号 | 6+000.00 | 6+080.00 6+100.00 | 6+200.00 6+220.00 6+234.73 | 6+300.00 | 6+350.00 | 6+400.00 | 6+455.47 | 6+500.00 | 6+560.00 | 6+600.00 | 6+640.00 | 6+700.00 | 6+740.00 | 6+800.00 |
| 平曲线 | | | | $\alpha=40°15''$ JD$_9$  $R=300$ | | | | | | | | |

图 4-40  纵断面图的资料部分

**操作命令:**

(1)运用多行文字设置好各参数,然后多重复制。

多行文字操作如下:

命令:-mtext 当前文字样式:"Standard"文字高度:2.5 注释性:否

指定第一角点:

指定对角点或[高度(H)/对正(J)/行距(L)/旋转(R)/样式(S)/宽度(W)/栏(C)]:H

指定高度<2.5>:3.5

指定对角点或[高度(H)/对正(J)/行距(L)/旋转(R)/样式(S)/宽度(W)/栏(C)]:J

输入对正方式[左上(TL)/中上(TC)/右上(TR)/左中(ML)/正中(MC)/右中(MR)/左下(BL)/中下(BC)]<左上(TL)>:MC

指定对角点或[高度(H)/对正(J)/行距(L)/旋转(R)/样式(S)/宽度(W)/栏(C)]:R

指定旋转角度<0>:90

指定对象点或[高度(H)/对正(J)/行距(L)/旋转(R)/样式(S)/宽度(W)/栏(C)]:

(2)再用编辑文字命令编辑各文字。

命令:ddedit

选择注释对象或[放弃(U)]:

(3)单行文字的操作。

命令:

DTEXT

当前文字样式:|Standard|文字高度:3.5000 注释性:否

指定文字的起点或[对正(J)/样式(S)]:　　　　　　　←由两点连线方向来确定旋转角度

指定高度<3.5000>:3.5

指定文字的旋转角度:<0>:

 **知识链接**

**1.文字标注样式的设置**

当用户需要为整幅图形或某个图形对象添加注释时,可利用 AutoCAD 的文本工具输入文本。同时还可创建不同的文本类型。文字标注样式的设置命令的调用方式如下:

◆ 命令行:输入 STYLE

◆ 命令快捷键:输入 ST

◆ 菜单栏:格式/文字样式

当调用文字样式后将打开"文字样式"管理器对话框(图4-41)。

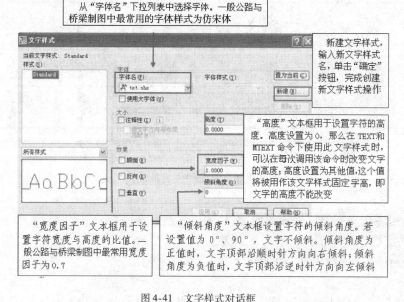

图4-41 文字样式对话框

在"文字样式"对话框完成了必要的修改后,单击"应用"按钮将确认修改的设置,然后单击"关闭"退出"文字样式"对话框。

使用 STYLE 命令需注意三点:

(1)文字样式名至多可以包含255个字符、数字或特殊符号($、-和_)。样式名称还可以定义成"标题栏"、"技术要求"以及"尺寸标注"等,这样容易记忆,便于区分文字样式的用途。

(2)要为新文字样式指定字体。AutoCAD 默认字体为 TXT.SHX,这是用形文件定义的字体,使用形文件定义的字体可以节省图形空间。TXT.SHX 字体全部由直线段组成(没有曲线),因此不易读也不吸引人。其他字体的字符变化多种多样,甚至包括外文字。所有字体都保存在扩展名为.SHX 的形文件中。区别不同的字符串的最有效的方法是使用不同字体,也可以使用 True Type 字体和 Type 2 Postscript 字体。

(3)在执行 STYLE 命令时,除了需要选择字体外,还要注意 AutoCAD 如何控制字符的显示效果,这些效果包括字符的高度、宽度比例、倾斜角度、反向、颠倒及方向(水平、垂直)选项。

AutoCAD 的中文版提供了两种方法用于书写汉字,一种是使用 True Type 字体,一种是使用大字体。

(1)使用 True Type 字体如果你使用的是中文版的 Windows 95、Windows 98 或 Windows NT 的操作系统,那么操作系统提供了 TrueType 字体,包括宋体、黑体、楷体汉字和特殊字符,这些字体具有实心填充的特性。

(2)使用大字体大字体通常是指亚洲文字字体。AutoCAD 中文版 GBCBIG.SHX 文件,这种字体提供了符合我国国标的大字体工程汉字字体,其中包括一些常用的特殊符号。由于 GBCBIG.SHX 大字体文件不包括西文字体的定义,所以在创建用于书写汉字的样式时,可以组合使用"大字体":与" 西文字体",即大字体使用 GBCBIG.SHX ,西文字体使用GBENOR.SHX(正体西文)或 GBEITC.SHX(斜体西文)。

2.创建单行文字

用于按当前的文字样式在图形中输入简短内容,创建的每行文字都是一个独立的对象,并可根据需要对其重新定位、调整格式或进行其他修改等操作。

命令调用方式:

◆ 命令行:TEXT/DTEXT

◆ 命令快捷键:输入 DT

◆ 菜单:绘图→文字→单行文字

**操作命令:**

命令:_dtext

当前文字样式:|Standard|文字高度:2.5000 注释性:否

指定文字的起点或[对正(J)/样式(S)]:

指定高度 <2.5000>:

指定文字的旋转角度<0>:

光标出现在屏幕上文字的起点位置,输入第一行文字后按 Enter 键换行,光标将移动下一行的起点处,等待输入另一行文字,此时可以输入第二行文字,以此类推。

文字对齐方式操作:

命令:_dtext

当前文字样式:|Standard|文字高度:2.5000 注释性:否

指定文字的起点或[对正(J)/样式(S)]:J

输入选项

[对齐(A)/调整(F)/中心(C)/中间(M)/右(R)/左上(TL)/中上(TC)/右上(TR)/左中(ML)/正中(MC)/右中(MR)/左下(BL)/下(BC)/右下(BR)]:MC

指定文字的中间点:

指定高度 <2.5000>:

指定文字的旋转角度<0>:

3.创建多行文字

创建多行文字用于以段落方式"处理"文字。段落的宽度是由指定的矩形框决定。这样就可以很容易地将绘制的文本作为一个整体,用左、右、中对正方式进行自动排版。每个多行文字段无论包含多少字符,都被认为是一个单个对象。

命令调用方式:

◆ 命令行:MTEXT

◆ 命令快捷键:输入 T

◆ 菜单栏:绘图→文字→多行文字

◆ 工具栏:单击"绘图"工具栏→A按钮

**操作命令:**

命令:_mtext 当前文字样式:"Standard"文字高度:2.5 注释性:否

指定第一角点:

指定对角点或[高度(H)/对正(J)/行距(L)/旋转(R)/样式(S)/宽度(W)/栏(C)]:J

输入对正方式[左上(TL)/中上(TC)/右上(TR)/左中(ML)/正中(MC)/右中(MR)/左下(BL)/中下(BC)/右下]<左上(TL)>:MC

指定对角点或[高度(H)/对正(J)/行距(L)/旋转(R)/样式(S)/宽度(W)/栏(C)]:R

指定旋转角度<0>:90

指定对角点或[高度(H)/对正(J)/行距(L)/旋转(R)/样式(S)/宽度(W)/栏(C)]:

文字格式对话框如图 4-42 所示。

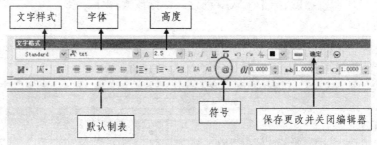

图 4-42 文字格式对话框

4.特殊的文本字符与符号选项

(1)百分号引导法:特殊的文本符号除了可以通过"多行文字编辑器"对话框输入外,还可以通过控制字符方式输入。输入特殊文本字符时控制字符均以两个百分号开始(%%),然后输入控制符:%%d——°(度数符号);%%p——±(加/减公差符号);%%c——Φ(直径符号);%%%——%(百分比符号)。

单击"文字编辑器"的"符号"选项的"其他"打开字符映射表(图 4-43),可以输入各种特殊字符。

(2)键盘输入法:可以利用软键盘输入希腊字母、数学符号、标点符号、罗马数字等符号,使用完毕后要返回 PC 键盘。

(3)图形法:对于十分复杂的符号也可以用软件直接绘制。

5.文字编辑

用于修改文字和属性。属性是与块相关联的文字信息。其命令调用方式:

◆ 命令行:DDEDIT

◆ 菜单栏:修改→文字
◆ 工具栏:单击"修改 II"工具栏中→按钮

**操作命令:**

命令:ddedit

选择注释对象或[放弃(U)]:

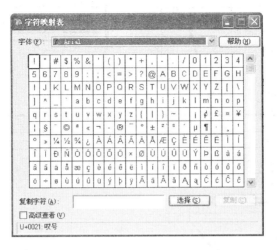

图 4-43　字符映射表

## 任务五　U 形桥台尺寸标注

 **学习要点**

1. 尺寸标注样式。
2. 线性标注。
3. 连续标注。
4. 基线标注。
5. 半径标注。
6. 直径标注。
7. 角度标注。
8. 尺寸编辑。

在教师指导下,由学生共同完成 U 形桥台的尺寸标注操作练习,掌握各种尺寸标注的调整、设置与标注方法。

①尺寸标注样式设置:熟悉标注样式的修改、编辑方法。

②尺寸标注练习:熟悉各种尺寸标注的方法,体会相关命令的使用。

③综合练习。

【实训 4-7】　U 形桥台的尺寸标注(图 4-44)。

**提示:**坡度 5:1 的标注,打开"尺寸标注样式管理"对话框,选择其中"尺寸替代"/直线和箭头选项,隐藏尺寸线与尺寸界线的尺寸样式,进行对齐标注,最后运用特性修改中的"文字替代"即可。

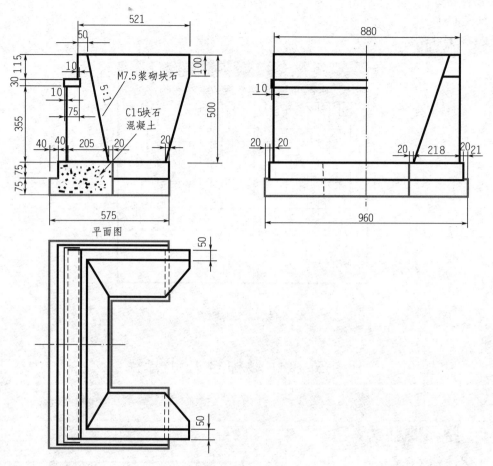

图4-44 U形桥台的尺寸标注

AutoCAD 2008 尺寸标注的步骤:

用户应按照一定的步骤来使用 AutoCAD 2008 进行专业图样的尺寸标注,以保证能更好地完成标注工作。其一般步骤如下:

(1)了解专业图样尺寸标注的有关规定。
(2)建立尺寸标注所需的文字样式、标注样式。
(3)建立一个新的图层,专门用于标注尺寸,以便于区分和修改。
(4)保存或输出用户所做的设置,以提高作图效率。
(5)用尺寸标注命令时,结合对象捕捉功能准确地进行尺寸标注。
(6)检查所标注尺寸,对个别不符合要求的尺寸进行修改和编辑。

**注意**:尺寸标注命令可以自动测量所标注图形的尺寸,用户画图时应尽量准确,这样可以减少修改尺寸文本所花时间,从而加快画图速度。

尺寸标注对于几乎所有的图形都是必要的,AutoCAD 2008 为用户提供了线性标注、平行标注、半径标注、直径标注、角度标注等众多的标注方法。一般情况下标注尺寸时都要使用不同形式的捕捉工具,以便精确定位。此外还可根据需要创建不同的尺寸标注样式。

知识链接

在标注尺寸前须设置标注样式,故须对尺寸有一定的了解。

## 一、尺寸组成

一个典型的尺寸标注由尺寸文字、尺寸线、尺寸界线和箭头组成。如图4-45所示。

图4-45 尺寸的组成

## 二、尺寸标注的整体性和关联性

### 1. 整体性

缺省情况下,每当标注一个尺寸时,该尺寸的所有组成部分将作为一个整体。即选择尺寸时只能选中整个尺寸并进行整体处理(如整体移动、旋转、删除等),而不能单独选择某一部分进行操作。实际上,图形中的每个尺寸都是作为一个块对待的,只是该块没有明确的名称。

尺寸的整体性可通过系统变量DIMASO控制。当该变量为ON,所标注的尺寸具有整体性尺寸;当该变量为OFF时,所标注的尺寸则不具备整体性,即各组成元素彼此无关。

### 2. 关联性

标注尺寸时,AutoCAD将自动测量标注对象的大小,并在尺寸上给出测量结果,即尺寸文本。

当用有关编辑命令修改对象时,尺寸文本将随之变化并自动给出新的对象大小,这种尺寸标注称为关联性尺寸。

如果一个尺寸标注不具有整体性,就是无关性尺寸。当编辑修改对象大小时,尺寸线不发生变化。关联性控制就是尺寸的整体性变量控制。

**注意**:整体尺寸可通过分解命令分解为相互独立的组成元素。

## 三、尺寸标注样式的设置

每一种不同的工程类型,它们的标注方式是不一样的,同样的标注类型,在不同比例的图形中,也需要对标注的箭头大小,文字尺寸进行调整。这项工作往往需要在进行标注前首先确定。

尺寸标注系统变量的设置可以作为标注样式保存各自的设置,并给它们命名以便在以后使用时调用它们。这项工作可以在"标注样式管理器"中完成。

"标注样式管理器"对话框中提供了多个子对话框用于创建新的标注样式或修改已存在的标注样式。使用DIMSTYLE命令调用"标注样式管理器"对话框,可以很方便地创建标注样式,或者根据需要修改标注样式。

命令调用方式:

◆ 命令行:DIMSTYLE

◆ 菜单栏:【格式】/【标注样式】

◆ 工具栏:【标注】工具栏→

调用命令后,弹出"标注样式管理器"对话框,如图4-46、图4-47所示,各选项含义如下:"修改标注样式"对话框各选项卡含义如图4-48所示。

"超出标记"文本框用于指定当箭头使用建筑标记(小斜线)时尺寸线超出尺寸界线的距离。

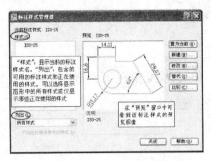
图4-46 标注样式管理器

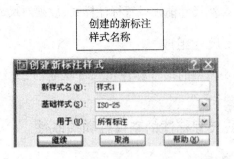
图4-47 创建新标注样式对话框

a)

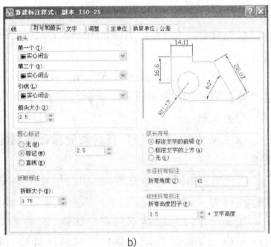
b)

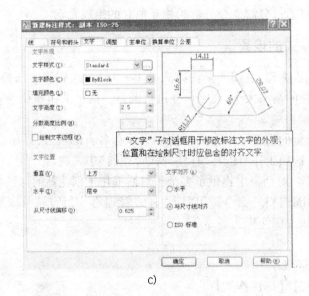
c)

图4-48 标注样式各选项卡

"基线间距"文本框用于设置在用"基线标注"命令绘制的基线标注的尺寸线间的距离。
"隐藏"复选框用于确定在绘制尺寸时是否隐藏一条或两条尺寸线或尺寸界线。

**注意**:不能将文字样式与标注样式混淆。图形中的尺寸标注是根据当前的标注样式绘制的,而作为尺寸标注一部分的标注文字要符合文字样式的设置。

起点偏移与超出部分示意如图4-49所示。

"超出尺寸线"文本框用于指定尺寸界线在尺寸线上方伸出的距离。

"起点偏移量"文本框用于指定尺寸界线到定义该标注的原点的偏移距离。

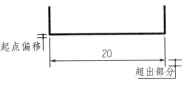

图4-49 起点偏移与超出部分

尺寸文本设置效果如图4-50所示。

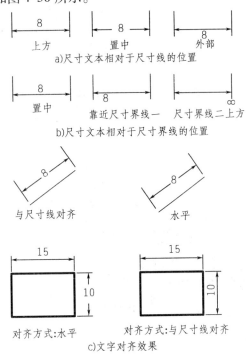

图4-50 尺寸文本设置效果图

"调整"选项卡(图4-51)用于控制各尺寸标注元素的放置位置。"调整选项"区中有五个按钮:用于控制标注文字与箭头中哪一项绘制在尺寸界线中。

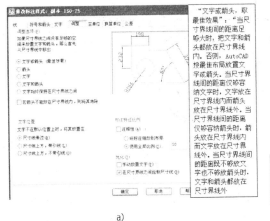

a)

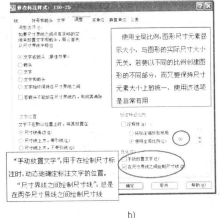

b)

图4-51 调整选项卡

"调整"选项卡部分显示结果如图4-52所示。
"主单位"选项卡如图4-53所示。

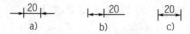

图4-52 "调整"选项卡显示效果

a)文字在内,箭头在外;b)箭头在内,文字在外;c)文字箭头均在内

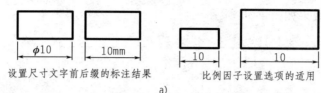

设置尺寸文字前后缀的标注结果　　比例因子设置选项的适用

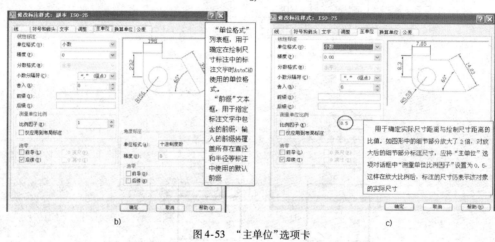

图4-53 "主单位"选项卡

## 四、尺寸标注的类型

尺寸标注工具栏各功能键的说明如图4-54。

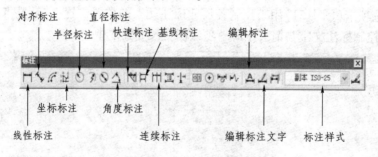

图4-54 尺寸标注工具栏各功能键的说明

### 1.线性标注

线性标注命令用于标注水平方向和垂直方向的尺寸。

命令调用方式:

◆ 命令行:DIMLINEAR

◆ 菜单:【标注】/【线性】

◆ 工具栏:【标注】工具栏→

**操作命令：**

命令：_dimlinear

指定第一条尺寸界线原点或<选择对象>：

指定第二条尺寸界线原点：

指定尺寸线位置或

[多行文字(M)/文字(T)/角度(A)/水平(H)/垂直(V)/旋转(R)]：

线性标注与连续标注如图4-55所示。

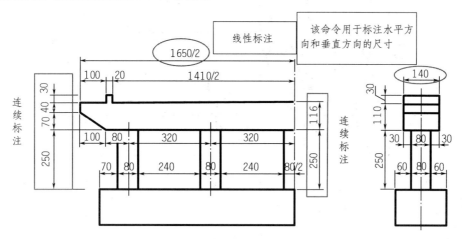

图4-55　线性标注与连续标注

2．连续标注

用于绘制一连串尺寸，每一个尺寸的尺寸界线首尾相接。

命令调用方式：

◆ 命令行：DIMCONTINUE

◆ 菜单栏：【标注】→【连续】

◆ 工具栏：【标注】工具栏→

**操作命令：**

命令：_dimcontinue

指定第二条尺寸界线原点或[放弃(U)/选择(S)]<选择>：

标注文字=116

指定第二条尺寸界线原点或[放弃(U)/选择(S)]<选择>：

3．基线标注

基线标注(有时称平行尺寸标注)用于多个尺寸标注使用同一条尺寸界线作为尺寸界线的情况下。基线标注创建一系列由相同的标注原点测量出来的标注。

命令调用方式：

◆ 命令行：DIMBASELINE

◆ 菜单栏：【标注】→【基线】

◆ 工具栏：【标注】工具栏→

**注意：** 要进行连续标注、基线标注前须先进行线性标注。

**操作命令：**

命令：_dimbaseline

指定第二条尺寸界线原点或[放弃(U)/选择(S)] <选择>：
标注文字=521
指定第二条尺寸界线原点或[放弃(U)/选择(S)] <选择>：

重力式U形桥台的尺寸标注,如图4-56所示。

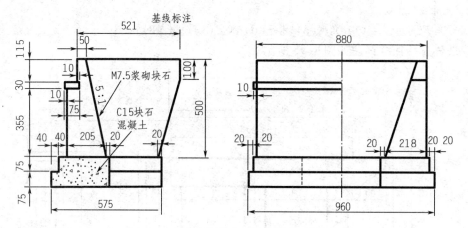

图4-56 基线标注

基线标注与连续标注的区别,如图4-57所示。

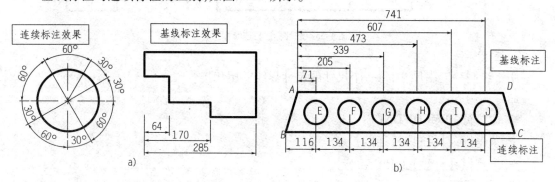

图4-57 基线标注与连续标注的区别

工程实例:地基配筋的标注同,如图4-58所示。

工程实例:钢筋的尺寸标注,如图4-59所示。

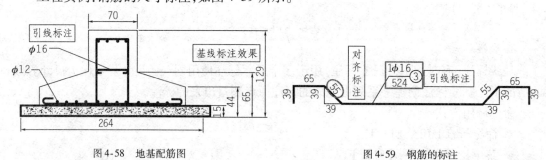

图4-58 地基配筋图　　　　　　图4-59 钢筋的标注

4.对齐标注

对齐标注是在标注一段带有角度的直线时,用于将尺寸线与对象直线平行。

命令调用方式：

◆ 命令行：DIMALIGNED

- ◆ 菜单栏:【标注】→【对齐】
- ◆ 工具栏:【标注】工具栏→

**操作命令:**

命令:
DIMALIGNED
指定第一条尺寸界线原点或<选择对象>:
指定第二条尺寸界线原点:
指定尺寸线位置或
[多行文字(M)/文字(T)/角度(A)]:
标注文字 = 55

5. 快速标注

快速标注是用于在选定的对象的端点和圆心点之间创建一系列的尺寸标注,即快速生成标注。

命令调用方式:
- ◆ 命令行:QDIM
- ◆ 菜单栏:【标注】→【快速标注】
- ◆ 工具栏:【标注】工具栏→

**注意:**
①快速标注最好用窗选方式进行对象选择。
②系统将自动查找标注图形的特性。
③绘图时有意识地用快速标注。

**操作命令:**

命令:qdim
关联标注优先级 = 端点
选择要标注的几何图形:找到 1 个
选择要标注的几何图形:
指定尺寸线位置或[连续(C)/并列(S)/基线(B)/坐标(O)/半径(R)/直径(D)/基准点(P)/编辑(E)/设置(T)]<连续>:

6. 引线与快速引线标注

引线标注用于对图形中的某一特征进行说明,并用一条引线将文字指向被说明的特征。引线的末端是注释,引线和注释是两个独立的对象,但两者是相关的,移动注释,引线也会随之移动,但移动引线并不会导致注释的移动。

命令调用方式:
- ◆ 命令行:QLEADER
- ◆ 工具栏:【标注】工具栏→

**操作命令:**

命令:_qleader
指定第一个引线点或[设置(S)]<设置>:
指定下一点:
指定下一点:
指定文字宽度<0>:

输入注释文字的第一行<多行文字(M)>:2×45%%d
输入注释文字的下一行:216
输入注释文字的下一行:

当在命令行中输入QLEADER命令时,AutoCAD提示如图4-60所示。

**操作命令:**
命令:_qleader
指定第一个引线点或[设置(S)]<设置>:S
指定第一个引线点或[设置(S)]<设置>:
指定下一点:
指定下一点:
指定文字宽度<0>:
输入注释文字的第一行<多行文字(M)>:24%%c6
输入注释文字的下一行:1=200@30
输入注释文字的下一行:

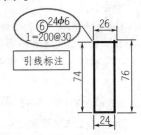

图4-60 箍筋的尺寸标注

当执行引线标注时可选择"设置S"选项,打开引线设置对话框,如图4-61所示。

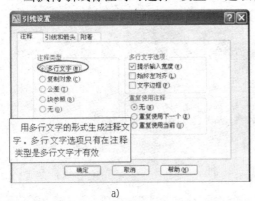
a)

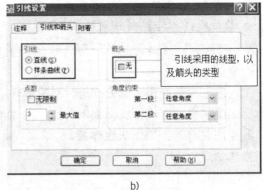
b)

图4-61 引线设置

### 7. 坐标标注

坐标标注基于原点(称为基准)可显示任意一点的 $X$ 或 $Y$ 坐标。

命令调用方式:

◆ 命令行:DIMORDINATE

◆ 菜单栏:【标注】→【坐标】

◆ 工具栏:【标注】工具栏→

**操作命令:**
命令:_dimordinate
指定点坐标:
指定引线端点或[X基准(X)/Y基准(Y)/多行文字(M)/文字(T)/角度(A)]:

默认提示是"指定点坐标:",但实际上AutoCAD搜寻对象上的一些重要的几何特征点,如端点、交点或者代表孔或轴的圆的圆心等。因此,在响应"指定点坐标:"提示时,通常需要调用对象捕捉,如端点、交点、象限点或圆心。

如果打开正交模式,那么引线就会成为表示 $Y$ 坐标的水平线;或者成为表示 $X$ 坐标的垂直线。

如果关闭正交模式,标注引线将由三部分组成,其中有两条正交的线,中间用一条对角线连接。如需要将标注文字偏移一段距离,以避免和其他图形对象相交,则关闭正交模式将是非常有用的。

单击右键从快捷菜单中选择 X 坐标或 Y 坐标,AutoCAD 将分别绘制 X 坐标标注或 Y 坐标标注,而不考虑与"坐标点位置"相关的"引线端点"的位置。

8. 半径标注

半径标注用于标注圆或圆弧的半径。

命令调用方式:

◆ 命令行:DIMRADIUS

◆ 菜单栏:【标注】→【半径】

◆ 工具栏:【标注】工具栏→

**操作命令:**

命令:_dimradius

选择圆弧或圆:

标注文字 = 80

指定尺寸线位置或[多行文字(M)/文字(T)/角度(A)]:

工程实例:标注涵洞洞口尺寸,如图 4-62 所示。

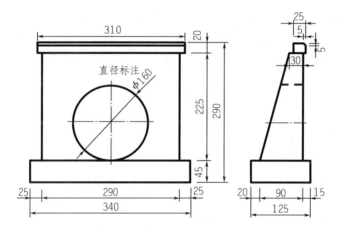

图 4-62　涵洞洞口尺寸

9. 直径标注

标注圆弧或圆的直径尺寸,如图 4-63 所示。

  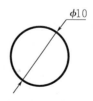

a)"文字与箭头取最佳位置"选项,文字位置:尺寸线上方,不带引线,与尺寸线对齐　　b)"文字"选项,文字位置:尺寸线旁,文字采用水平　　c)"文字"选项,文字位置:尺寸线上方,带引线,文字采用ISO标准

图 4-63　圆的尺寸标注效果图(标注直径时尺寸文字和箭头的不同位置)

命令调用方式：
- ◆ 命令行：DIMDIAMETER
- ◆ 菜单栏：【标注】→【直径】
- ◆ 工具栏：【标注】工具栏→

**操作命令：**

命令：_dimdiameter

选择圆弧或圆：

标注文字 = 160

指定尺寸线位置或[多行文字(M)/文字(T)/角度(A)]：

标注圆的直径时箭头与文字的摆放位置要求比较灵活，所以一般专门为直径尺寸的标注建立独自的标注样式。

10. 角度标注

角度标注用于创建圆、圆弧或直线的角度尺寸标注。

命令调用方式：
- ◆ 命令行：DIMANGULAR
- ◆ 菜单栏：【标注】→【角度】
- ◆ 工具栏：【标注】工具栏→

如果选择的对象是一条直线，选择另外一条直线后，AutoCAD将两条直线的交点作为角度尺寸的顶点，用这两条直线作为角的两条边，然后，系统会提示指定圆弧尺寸线的位置，该尺寸线(弧线)张角通常小于180°。如果圆弧尺寸线超出了两直线的范围，那么系统会自动添加必要的尺寸界线的延长线。

**操作命令：**

命令：_dimangular

选择圆弧、圆、直线或<指定顶点>：

选择第二条直线：

指定标注弧线位置或[多行文字(M)/文字(T)/角度(A)]：

如果选择的对象是一段圆弧，AutoCAD自动将圆弧的圆心作为顶点，并且将圆弧的两个端点分别作为第一条尺寸界线和第二条尺寸界线的端点，以响应角度标注的"顶点/端点/端点"的提示。

**操作命令：**

命令：_dimangular

选择圆弧、圆、直线或<指定顶点>：

指定标注弧线位置或[多行文字(M)/文字(T)/角度(A)]：

如果选择的对象是一个圆，AutoCAD自动将圆的圆心作为顶点，将选择圆时的点作为角度标注的第一个端点，然后按如下操作命令：

**操作命令：**

命令：_dimangular

选择圆弧、圆、直线或<指定顶点>：

指定角的第二个端点：

指定标注弧线位置或[多行文字(M)/文字(T)/角度(A)]：

如果按Enter键，而没有选择圆弧、圆或两条直线，AutoCAD将使用三点方式绘制角度标注尺寸。

**操作命令：**

命令：_dimangular
选择圆弧、圆、直线或＜指定顶点＞：
指定角的顶点：
指定角的第一个端点：
指定角的第二个端点：
创建了无关联的标注。
指定标注弧线位置或[多行文字(M)/文字(T)/角度(A)]：

### 五、标注编辑命令

尺寸标注的编辑包括尺寸文本位置、内容、标注样式等方面的编辑和修改。

在 AutoCAD 中，可以用修改命令和夹点编辑方式编辑所标注的尺寸。此外，AutoCAD 还提供了另外两个专门用于编辑标注文字对象的修改命令——DIMEDIT 和 DIMTEDIT。

1. DIMEDIT 命令

该命令用于修改或编辑已有的尺寸对象，用于将标注文字替换成新的文字、旋转一个已经存在的文字、移动文字到一个新的位置，还可以将标注文字移回到原始位置。另外，通过这些选项还可以修改(用"倾斜"选项)尺寸界线相对于尺寸线的角度(通常尺寸界线垂直于尺寸线)。

命令调用方式：

◆ 命令行：DIMEDIT

◆ 工具栏：【标注】工具栏→编辑标注文字按钮。

各选项含义如图 4-64 所示。

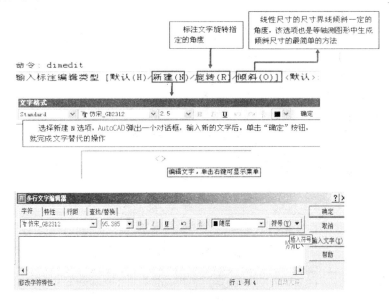

图 4-64 多行文字编辑器

2. DIMTEDIT 命令

该命令用于沿尺寸线修改标注文字的位置(使用"左"、"右"和"缺省"选项)和角度(使用"旋转"选项)。

命令调用方式：
◆ 命令行：DIMTEDIT
◆ 工具栏：【标注】工具栏→编辑标注文字按钮

**操作命令：**
命令：DIMTEDIT
选择标注：
指定标注文字的新位置或[左(L)/右(R)/中心(C)/默认(H)/角度(A)]：
默认情况下，AutoCAD允许用光标确定标注文字的位置，并在拖动过程中动态更新。
各选项含义如下：
(1)左(L)，将标注文字移动到靠近左边的尺寸界线处。
(2)右(R)，将标注文字移动到靠近右边的尺寸界线处。
(3)默认(H)，将标注文字移回到原来的位置。
(4)角度(A)，改变标注文字的角度。

3. 用夹点编辑尺寸标注(图4-65)

除了一般的夹点编辑功能，即除将尺寸标注作为一个组编辑(如旋转、移动和复制等)外，还可以选择每一个夹点编辑尺寸对象，如移动尺寸界线端点处的夹点到另一指定点，可以修改标注文字的值等。如果拖动对齐尺寸的尺寸界线的夹点，将旋转尺寸线。

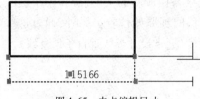

图4-65 夹点编辑尺寸

水平和垂直的尺寸仍保持水平和垂直状态。移动尺寸线与尺寸界线交点处的夹点，将使尺寸线靠近或远离要标注的对象。

4. 使用快捷菜单编辑尺寸标注

单击鼠标右键，通过快捷菜单可以非常方便地编辑已绘制好的尺寸标注，见图4-66。

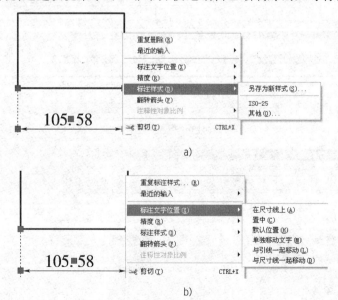

图4-66 快捷菜单编辑尺寸

选择要编辑的尺寸标注，夹点将出现在所选尺寸元素的关键点上，单击鼠标右键(光标位于绘图区中的任意位置),快捷菜单中将包括编辑尺寸标注的命令。

快捷菜单中的"标注文字位置"弹出菜单包括:在尺寸线上、居中、缺省位置、单独移动文字、与引线一起移动和与尺寸线一起移动。选择其中的一个选项,标注文字的位置将按照所选选项移动。

5.使用"对象特性管理器"编辑尺寸标注(图4-67)

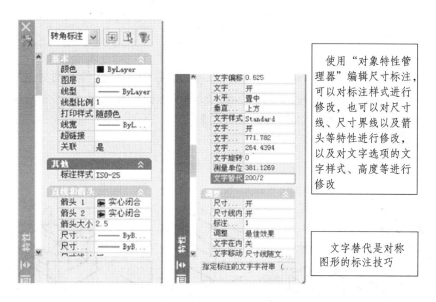

图4-67 "对象特性管理器"编辑尺寸

【实训4-8】 完成图3-68截水沟断面图的尺寸标注。
操作步骤:
(1)创建文字样式与尺寸标注样式。
(2)使用线性标注和连续标注命令完成尺寸标注。
(3)使用引线标注完成截水沟材料的说明标注。

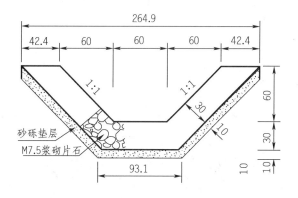

图4-68 截水沟断面图

提示:在教师指导下,由学生共同完成图3-68形体的正等轴测图绘制以及正等测图的尺寸标注,掌握正等轴测图的绘制方式和技巧,另要求同学在作出轴测图的同时完成该图的平面图和立面图的绘制。

107

# 任务六 轴测投影图的绘制

**学习要点**

1. 正等测图的绘制。
2. 正等测图的尺寸标注。

在教师指导下,由学生共同完成以下操作练习(图4-69),掌握各种轴测图的绘制方法和技巧,简单形体正等轴测图和斜二测图的画法,并掌握如何标注尺寸,另要求同学在作出轴测图的同时完成该图的平面图和立面图的绘制。

操作提示如图4-70所示。

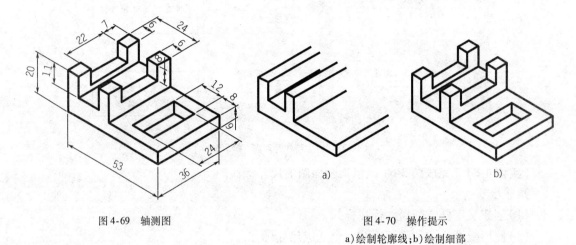

图4-69 轴测图

图4-70 操作提示
a)绘制轮廓线;b)绘制细部

**注意**:在绘图过程中使用 F5 键变换等轴测面,选定 Left、Top 和 Right 等轴测轴帮助绘制等轴测图。

**知识链接**

## 一、等轴测图的含义

等轴测图是用相片的方式表达某个实体,以便更清楚地描述实体的外观。这种类似于相片的实体表达方法是用二维绘图方法画出实体的三维立体图形。

将实体按一定角度测斜以便观察该实体的其他视图,用二维的方法绘制这个实体,展现在观察者面前的是一个三维的图形,这个图形就是等轴测图。

从垂直线与水平基线的交点处画出两条30°角的直线,由形成30°角的两条直线的方向表示实体实际的二维方向,其中一个方向表示实体的长度方向,另一个方向表示实体的宽度方向,垂直方向在多数情况下表示实体的高度方向。

根据观察实体的方式确定哪一条角度线测量实体宽度,哪一条角度线测量实体长度,高度是沿垂直线测量。一旦用总长、总宽和总高画出实体的外轮廓后,再加入细节部分,删除和修剪多余的线,完成实体的绘制。等轴测图中的孔看上去已不再是圆而是椭圆。

## 二、等轴测图的绘制

点击【工具】菜单/【草图设置】/【等轴测捕捉】/【确定】,即可绘制轴测图,如图 4-71 所示。

图 4-71　草图设置

等轴测面的选定如图 4-72 所示。

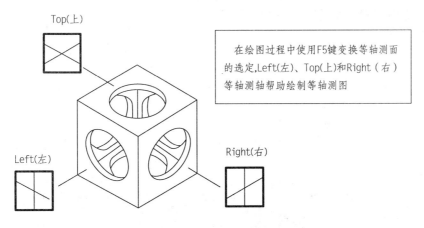

图 4-72　等轴测面的选定

绘制正等轴测图,关键所在是会用 Ctrl + E 组合键或者 F5 键控制三个坐标面的转换。

【实训 4-9】　完成图 4-73 所示的正等测图。

(1)等轴测平画右画底座和等轴测平面上底座上的两个小孔。

命令:_ellipse
指定椭圆轴的端点或[圆弧(A)/中心点(C)/等轴测图(I)]:I
指定等轴测圆的圆心:30
指定等轴测圆的半径或[直径(D)]:20

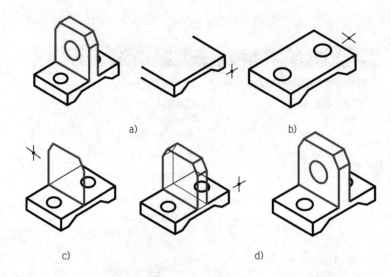

图 4-73 正等测图的绘制

(2)〈等轴测平面 左〉画立板以及立板上的小孔。

在轴测图中标注尺寸时,为了使尺寸标注与轴测面(图 4-74)相协调,需要将尺寸线、尺寸界线倾斜一定的角度,使其与相应的轴测轴平行。

命令:_dimedit
输入标注编辑类型[默认(H)/新建(N)/旋转(R)/倾斜(O)]<默认>:O
选择对象:找到 1 个
选择对象: ←在上轴测面上,如标注的尺寸线与 X 轴平行,则标注文字的倾斜角是30°
输入倾斜角度(按 ENTER 表示无):-30

命令:_dimedit
输入标注编辑类型[默认(H)/新建(N)/旋转(R)/倾斜(O)]<默认>:O
选择对象:找到 1 个
选择对象:
输入倾斜角度(按 ENTER 表示无):30
←在上轴测面上,如标注的尺寸线与 Y 轴平行,则标注文字的倾斜角是 30°

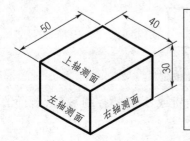

在轴测图中标注文字,就必须使用倾斜角与旋转角来设置文字,且文字倾斜角和旋转角30°和-30°。建立两个文字样式,在效果选项组中倾斜角度为30°与-30°,然后分别调用其文字样式。如标注的尺寸线与X轴平行,则标注文字的倾斜角是-30°,与Y轴平行,则标注文字的倾斜角是 30°,与 Z 轴平行,则标注文字的倾斜角是-30°

图 4-74 轴测面示意图

## 三、等轴测面的尺寸标注

【实训 4-10】 完成图 4-75 所示轴测图的尺寸标注。

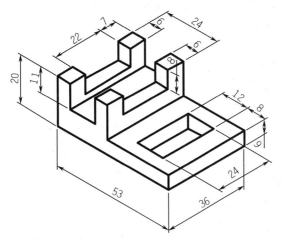

图 4-75 轴测图尺寸标注

# 任务七  U 形桥台的三维建模

 学习要点

1. 三维实体的绘制。
2. 三维图形的布尔运算。
3. 用户的坐标体系。

在教师指导下,由学生共同完成以下操作练习,掌握各种三维建模的方法和技巧。
①三维建模的基本命令练习:长方体、圆柱、圆锥、球等命令。
②三维模型的编辑命令练习:拉伸、旋转等命令的使用。
③综合练习:根据桥台构造图的三面投影绘制其立体图。

【实训 4-11】 绘制图 4-76 重力式梁桥 U 形桥台的三维模型图。
重力式梁桥 U 形桥台由基础、前墙、侧墙和台帽组成。下面分别绘制基础、前墙、侧墙和台帽的三维模型图,然后再组装成一个整体桥台。
操作步骤:

(1)在俯视图 即 H 面图中绘制基础三维效果图 4-77。

①在俯视图 中用多段线命令绘制基础的平面图。
**操作命令:**
命令:_pline
指定起点:
当前线宽为 0.0000

指定下一点或[圆弧(A)/半宽(H)/长度(L)/放弃(U)/宽度(W)]:960
指定下一点或[圆弧(A)/闭合(C)/半宽(H)/长度(L)/放弃(U)/宽度(W)]:575
指定下一点或[圆弧(A)/闭合(C)/半宽(H)/长度(L)/放弃(U)/宽度(W)]:278
指定下一点或[圆弧(A)/闭合(C)/半宽(H)/长度(L)/放弃(U)/宽度(W)]:270
指定下一点或[圆弧(A)/闭合(C)/半宽(H)/长度(L)/放弃(U)/宽度(W)]:404
指定下一点或[圆弧(A)/闭合(C)/半宽(H)/长度(L)/放弃(U)/宽度(W)]:270
指定下一点或[圆弧(A)/闭合(C)/半宽(H)/长度(L)/放弃(U)/宽度(W)]:278
指定下一点或[圆弧(A)/闭合(C)/半宽(H)/长度(L)/放弃(U)/宽度(W)]:C

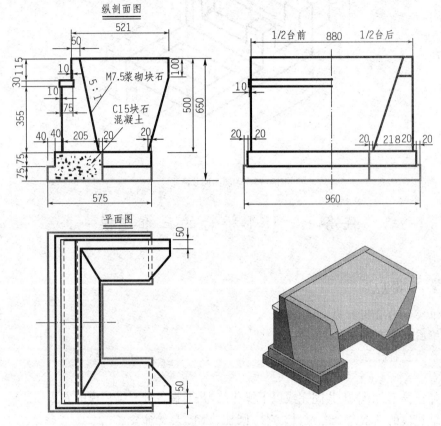

图 4-76 桥台的投影与立体图

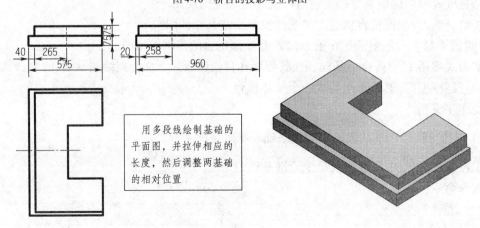

图 4-77 基础三维效果图

②拉伸得立体图。

**操作命令：**

命令：_extrude
当前线框密度：ISOLINES = 4
选择要拉伸的对象：找到 1 个
选择要拉伸的对象：
指定拉伸的高度或[方向(D)/路径(P)/倾斜角(T)]：75

(2) 在主视图 中即 V 图，绘制前墙的三维效果图 4-78。(在 V 面视图中绘制 V 投影，然后生成面域，或者运用多段线绘制立面图，再拉伸)。

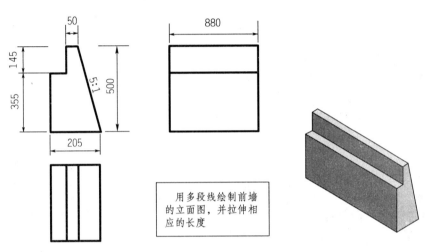

图 4-78　前墙的三维效果图

(3) 绘制侧墙图 4-79。

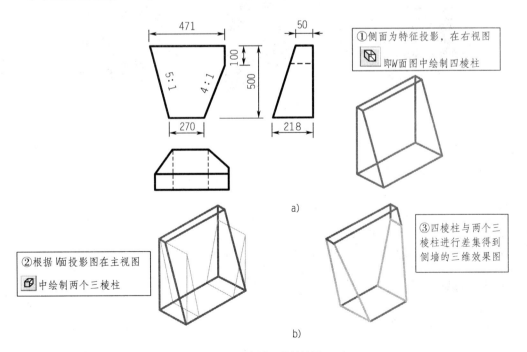

图 4-79　侧墙三维效果图

四棱柱与两个三棱柱进行差集。

**操作命令：**

命令：_subtract 选择要从中减去的实体或面域…

选择对象：找到 1 个

选择对象：

选择要减去的实体或面域…

选择对象：找到 1 个

选择对象：

（4）绘制台帽：台帽即为一简单的长方体，注意与前墙的相对位置，最后采用实体编辑中的并集。

**操作命令：**

命令：_box

指定第一个角点或[中心(C)]：

指定其他角点或[立方体(C)/长度(L)]：@75,30

指定高度或[两点(2P)] <75.0000>：900

（5）把桥台的各组成部分合并成一个整体。

**操作命令：**

命令：_union

选择对象：指定对角点：找到 5 个

选择对象：

（6）剖切桥台（图 4-80）。

图 4-80　桥台剖切

**操作命令：**

命令：slice

选择要剖切的对象：找到 1 个

选择要剖切的对象：

指定切面的起点或[平面对象(O)/曲面(S)/Z 轴(Z)/视图(V)/XY/YZ/ZX/三点(3)] <三点>：ZX

指定 ZX 平面上的点 <0,0,0>：

在所需的侧面上指定点或[保留两个侧面(B)] <保留两个侧面>：B

 **知识链接**

## 一、拉伸实体命令

绘制物体的平面图形，用面域命令 REGION 使各部分图形生成面域。再用 EXTRUDE

命令拉伸,创建物体各部分的 3D 模型。拉伸命令还可以沿指定路径 P 拉伸对象或按指定高度值和倾斜角度拉伸对象。

如果用直线或圆弧来创建轮廓,在使用 EXTRUDE 拉伸命令之前需用 pedit(多段线的合并操作)的"合并"命令把它们转换成单一的多段线或使它们成为一个面域。拉伸的对象为平面二维面、封闭多段线、多边形、圆、椭圆、封闭样条曲线、圆环和面域。不能拉伸具有相交的多段线。

通过拉伸圆、闭合的多段线、多边形、椭圆、闭合的样条曲线、圆环和面域创建特殊的实体。因为多段线可以是任意形状,因此,使用 EXTRUDE 命令可创建不规则的实体。

命令调用方式:

◆ 命令行:EXTRUDE

◆ 菜单栏:绘图→建模→拉伸

◆ 工具栏:"建模"工具栏→按钮

**操作命令:**

命令:_extrude

当前线框密度:ISOLINES = 4

选择要拉伸的对象:指定对角点:找到 1 个

选择要拉伸的对象:

指定拉伸的高度或[方向(D)/路径(P)/倾斜角(T)]<20.0000>:100

上述操作命令中:"拉伸的高度"项用于指定拉伸的距离值正值则沿当前用户坐标系的 Z 轴正向拉伸对象;负值,则沿 Z 轴负向拉伸对象。"路径"项用于基于选定的曲线对象定义拉伸路径,所有指定对象的剖面都沿着选定路径拉伸以创建实体。直线、圆、圆弧、椭圆、椭圆弧、多段线和样条曲线可以作为路径。

## 二、"差"运算

用于从选定的实体中删除与另一个实体的公共部分。例如,可用 SUBTRACT 命令在对象上减去一个圆柱,从而在机械零件上创建孔。如果选择的对象是实体,那么 SUBTRACT 命令将用一个选择集中实体减去另一个选择集中的实体。如果第二个实体完全包含在第一个实体中,那么创建的组合体为第一个实体减去第二个实体;如果第二个实体的一部分包含在第一个实体中,那么只减去两个实体的重叠部分。同样,对于面域,也是从一组面域中删除与另一组面域的公共部分。

命令调用方式:

◆ 命令行:SUBTRACT

◆ 菜单栏:修改→实体编辑→差集

◆ 工具栏:在"实体编辑"工具栏→按钮

**操作命令:**

命令:_subtract 选择要从中减去的实体或面域…

选择对象:找到 1 个

选择对象:

选择要减去的实体或面域…

选择对象:找到 1 个

选择对象:

**注意**:使用 SUBTRACT 命令只能选择实体或面域。

### 三、创建长方体

用于创建实心的长方体或正方体。默认状态下,长方体的底面总是与当前的用户坐标系的 XY 平面平行。实心长方体可用以下两种方式创建:指定长方体的中心点或指定一个角点。

命令调用方式:

◆ 命令行:BOX

◆ 菜单栏:绘图→建模→长方体

◆ 工具栏:单击"建模"工具栏命令按钮→

**操作命令**:

命令:box
指定长方体的角点或[中心点(CE)]<0,0,0>:
指定角点或[立方体(C)/长度(L)]:@100,80
指定高度:80

上述操作命令中:

"指定高度"是指长方形底面的对角线的另一点,然后输入长方体的高度。"立方体"是指创建一个各边都相等的立方体。"长度"是指指定的长、宽和高创建长方体。

**操作命令**:

命令:
BOX
指定长方体的角点或[中心点(CE)]<0,0,0>:CE
指定长方体的中心点<0,0,0>:
指定角点或[立方体(C)/长度(L)]:l
指定长度:100
指定宽度:80
指定高度:60

### 四、布尔"并"运算

用于根据一个或多个原始的实体生成一个新的复合的实体。在进行"并"操作时,实体或面域并不进行复制,因此复合体的体积只会等于或小于原对象的体积。UNION 命令用于完成"并"运算。

命令调用方式:

◆ 命令行:UNION

◆ 菜单栏:修改→实体编辑→并集

◆ 工具栏:"实体编辑"工具栏→ 按钮

**操作命令**:

命令:_union
选择对象:指定对角点:找到 2 个
选择对象:

### 五、剖切命令

使用 slice 命令可以切开实体并移去不要的部分,从而得到新的实体。可以保留剖切实体的一半或全部。剖切实体的默认方法是:先指定三点定义剖切平面,然后选择要保留的部分。也可以通过其他对象、当前视图、Z 轴或 XY、YZ 或 ZX 平面来定义剪切平面。

### 六、三维概述

**1. 三维造型的概念**

前面我们讨论的都是在一个平面上绘制的二维图,这个平面只有两条坐标轴,X 轴与 Y 轴。在三维绘图中,我们除了用到 X 轴与 Y 轴外,还要用到 Z 轴,如图 4-81 所示。

在默认状态下,AutoCAD按当前的标高值设置对象的Z坐标值,同时将它的厚度设为0,因此看到的二维图实际上是图形在三维空间中沿某一方向的投影

图 4-81 三维坐标体系

要创建一个圆柱体的三视图,只需绘制一个带有厚度的圆,然后沿每一坐标轴的方向观察,即可得到不同的视图。这种绘制方式指的是拉伸二维对象,只有可拉伸的对象才可用此方法创建。

**2. 标高与厚度**

标高 elev 为透明命令,设置新对象的标高和拉伸厚度,厚度是指到标高的距离,正值表示沿 Z 轴正方向拉伸,而负值表示沿 Z 轴负方向拉伸。

绘制带厚度的长方体、圆,指定圆的标高与厚度得第二、三个圆柱如图 4-82 所示。

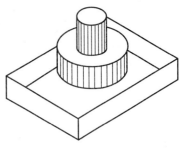

图 4-82 绘制长方体与圆柱体

**标高操作命令如下:**

命令:elev
指定新的默认标高 <0.0000>:10
指定新的默认厚度 <20.0000>:

**厚度操作命令如下:**

命令:_rectang
指定第一个角点或[倒角(C)/标高(E)/圆角(F)/厚度(T)/宽度(W)]:T
指定矩形的厚度 <0.0000>:25
指定第一个角点或[倒角(C)/标高(E)/圆角(F)/厚度(T)/宽度(W)]:
指定另一个角点或[尺寸(D)]:@140,100

命令:elev
指定新的默认标高 <0.0000>:25
指定新的默认厚度 <50.0000>:25

命令:C

CIRCIE 指定圆的圆心或[三点(3P)/两点(2P)/相切、相切、半径(T)]：
指定圆的半径或[直径(D)] <50.0000> :35

命令:elev
指定新的默认标高 <25.0000> :50
指定新的默认厚度 <25.0000> :35

命令:C
CIRCIE 指定圆的圆心或[三点(3P)/两点(2P)/ 相切、相切、半径(T)]：
指定圆的半径或[直径(D)] <35.0000> :15

命令: hi
HIDE 正在重生成模型。

 想一想

完成图4-83的操作实例的绘制。

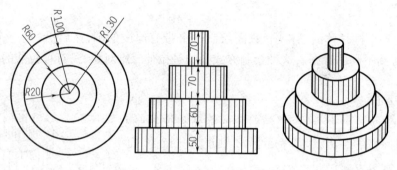

图4-83　操作实例

用前面所学的二维绘图命令绘制的图形实际上都是真正的三维图形,这就是说,绘制的每一条线、圆或圆弧实际上都是保存在三维坐标系中。在默认状态下,AutoCAD按当前的标高值设置对象的 $Z$ 坐标值,同时将它的厚度设为0,因此看到的二维图实际上是图形在三维空间中沿某一方向的投影。

而用对象捕捉的功能得到对象的几何特征点可能不在当前平面内。

3. 右手定则

AutoCAD提供了两种类型的坐标系,一个是固定的坐标系,叫做世界坐标系(WCS);另一个是由使用者自定义的,叫做用户坐标系(UCS)。

世界坐标系是固定的且不能被修改。在世界坐标系中 $X$ 轴以(0,0,0)点为起点,沿向右的方向值逐渐增大; $Y$ 轴以(0,0,0)点为起点,沿向上的方向值逐渐增大; $Z$ 轴以(0,0,0)点为起点,沿指向屏幕外的方向值逐渐增大。

用户坐标系允许修改坐标原点的位置及 $X$、$Y$、$Z$ 轴的方向,这样可以减少绘制三维对象时的计算量。UCS命令用于定义新用户坐标系的坐标原点及 $X$ 轴、$Y$ 轴的正方向。绘制一个屋顶的结构大样图,如果使用世界坐标系,那么需要计算倾斜的屋顶面内所有点的三个坐标值。但如果将用户坐标系的 $X$ - $Y$ 面设置到倾斜的屋顶面上,这时在绘制图形时就像在平面中绘图一样简单。

当改变了用户坐标系或旋转某个对象时,只要用右手定则就可以方便地确定旋转的正方向。

右手定则的使用方法是:

(1)如图 4-84 所示伸开右手的拇指、食指和中指。

(2)拇指指向 $X$ 轴正方向。

(3)食指指向 $Y$ 轴正方向。

(4)中指指向 $Z$ 轴正方向。

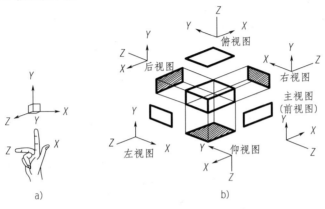

图 4-84 右手定则

4. 三维坐标系统

在图 4-85 中,根据箭头的方向可确定 $X$ 轴与 $Y$ 轴的正方向,$Z$ 轴的正方向由 $X$ 轴与 $Y$ 轴的方向决定。如果用户坐标系与世界坐标系重合,则在图标的 $Y$ 部分显示字母 $W$。当图标放置在当前用户坐标系的原点上时,将在图标的底部出现一个加号(+)。

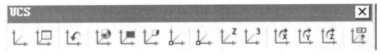

图 4-85 UCS 工具栏

(1)定义新的坐标系

在 AutoCAD 中,几乎所有的三维操作都离不开用户坐标系,这是因为一些 AutoCAD 的命令只能用于二维图形。例如,ROTATE 命令只能使选中的对象绕 $X$ 轴或 $Y$ 轴旋转,如果想绕 $Z$ 轴旋转对象,可以建立一个新的用户坐标,使新坐标系的 $X$ 轴或 $Y$ 轴与原来的 $Z$ 轴重合,这样就可以使用 ROTATE 命令了。

用于定义新的用户坐标系的常用方法:绕 $X$ 轴、$Y$ 轴、$Z$ 轴旋转 90°确定 UCS,得到不同的用户坐标系,如图 4-86 所示。

命令:_UCS

当前 UCS 名称:*没有名称*

指定 UCS 的原点或[面(F)/命令(NA)/对象(OB)/上一个(P)/视图(V)/世界(W)/X/Y/Z/Z 轴(ZA)]<世界>:_X

指定绕 X 轴的旋转角度<90>:

(2)指定三个点定义一个新的 $XY$ 平面;或者指定一个点作为坐标原点,指定一个方向作为 $Z$ 轴的正方向。

命令:UCS

当前 UCS 名称:＊没有名称＊
指定 UCS 的原点或[面(F)/命名(NA)/对象(OB)/上一个(P)/视图(V)/世界(W)/X/Y/Z/Z 轴(ZA)]＜世界＞:3

指定新原点＜0,0,0＞:

在正 X 轴范围上指定点＜81.0000,－60.0000,0.0000＞:

在 UCS XY 平面的正 Y 轴范围上指定点＜80.0000,－59.0000,0.0000＞:

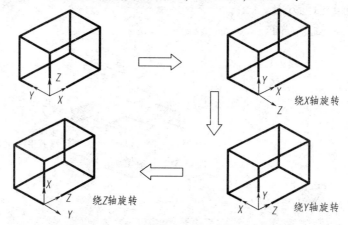

图 4-86　不同的用户坐标系

【实训 4-12】　绘制图 4-87 烟灰缸。

操作提示:

①二维圆拉伸而得(半径 80,高度 50,锥面角度 15)绘制半径为 80 的圆,然后拉伸。

命令:_extrude

当前线框密度:ISOLINES＝4

选择对象:找到 1 个

选择对象:

指定拉伸高度或[路径(P)]:50

指定拉伸的倾斜角度＜0＞:15

 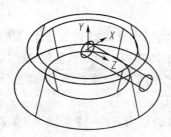 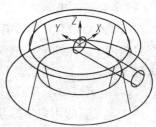

图 4-87　烟灰缸的绘制

②圆台顶面圆的拉伸(半径 55,高度－35,锥面角度 15)。

命令:_extrude

当前线框密度:ISOLINES＝4

选择对象:找到 1 个

选择对象:

指定拉伸高度或[路径(P)]:－35

指定拉伸的倾斜角度＜0＞:15

③建立用户坐标系(以圆台面的上表面圆心为原点),在该用户坐标系中绘制圆柱(半径10,高度90,锥面角度0)。

④旋转用户坐标系。

命令:_ucs

当前 UCS 名称:*没有名称*

输入选项

[新建(N)/移动(M)/正交(G)/上一个(P)/恢复(R)/保存(S)/删除(D)/应用(A)/? /世界(W)]

<世界>:_X

指定绕 X 轴的旋转角度 <90> : -90

⑤对小圆柱进行阵列。

⑥对所画图形进行差集运算。

【实训4-13】 利用坐标体系画图 4-88 所示物体。

命令:UCS

当前 UCS 名称:*世界*

输入选项

[新建(N)/移动(N)正交(G)/上一个(P)/恢复(P)/保存(S)/删除(D)/应用(A)/? /世界(W)]

<世界>:n

指定新 UCS 的原点或[Z 轴(ZA)/三点(3)/对象(OB)/面(F)/视图(V)/X/Y/Z] <0,0,0>:

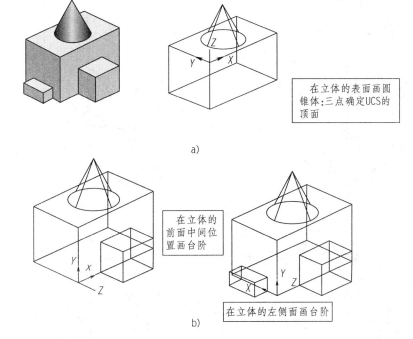

图 4-88 用坐标体系画图

上述操作命令中:

"指定新 UCS 的原点"是指修改当前用户坐标系原点的位置,保持 X、Y 和 Z 轴的方向不变,以定义一个新的用户坐标系。

"Z 轴"是指指定一点作为坐标原点,指定一个方向作为 Z 轴的正方向。

"三点"是指选择三个点就可确定新坐标系的原点、X 轴与 Y 轴的正方向。

"对象"是指选择一个对象定义一个新的坐标系,新坐标系的原点将放置在创建该对象时定义的第一点。X轴的方向为从原点指向创建该对象时定义的第二点。

"面"是指所选实体的一个面为新用户坐标系的XY面。

"视图"是指新坐标系的XY平面与当前视图方向垂直,原点保持不变,主要用于标注文字。

"X/Y/Z"是指分别绕X轴、Y轴或Z轴旋转一定的角度生成新的用户坐标系。

(3)以面的方式定义UCS坐标(图4-89)。

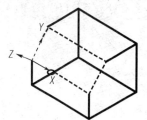

以选择面的方式 定义UCS坐标,选取面的方式是在面的边界内或边缘上单击鼠标左键。UCS的X轴会对齐于选择点的最接近边缘

图4-89 面的方式定义UCS

【实训4-14】 三维图形的标注,如图4-90所示。

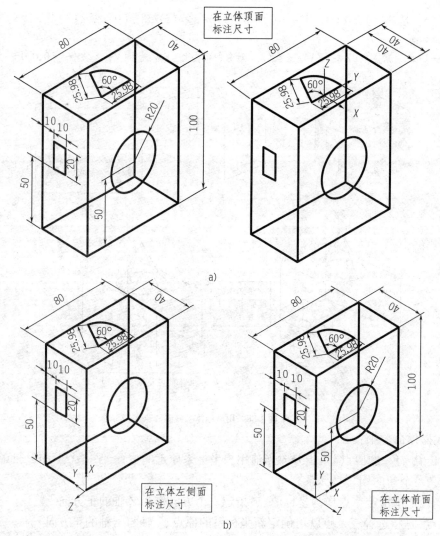

图 4-90

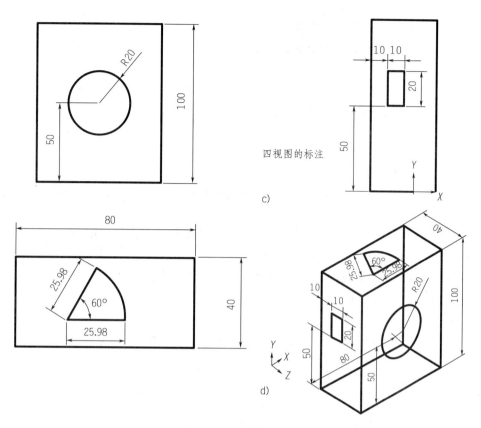

图 4-90 三维图形的标注

**注意**:标注立方体各个面的尺寸时,需变换 UCS,标注立方体不同的三个面的尺寸时,要变换三次 UCS。

命令:UCS

当前 UCS 名称: * 世界 *

指定 UCS 的原点或[面(F)/命名(NA)/对象(OB)/上一个(P)/视图(V)/世界(W)/X/Y/Z/Z 轴(ZA)]<世界>:fa

选择实体对象的面:

输入选项[下一个(N)/X 轴反向(X)/Y 轴反向(Y)]<接受>:

命令:_dimlinear

指定第一条尺寸界线原点或<选择对象>:

指定第二条尺寸界线原点:

接定尺寸线位置或

[多行文字(M)/文字(T)/角度(A)/水平(H)/垂直(V)/旋转(R)]:

标注文字 =40

5.创建简单实体模型

(1)创建圆锥体。

用于创建圆锥体或椭圆锥体。默认状态下,圆锥体的底面平行于当前用户坐标系的 XY 平面,且对称地变细直至交于 Z 轴上的一点。

命令调用方式:

◆ 命令行:CONE

◆ 菜单栏:绘图→建模→圆锥体

◆ 工具栏:单击"建模"工具栏按钮→

**操作命令:**

命令:_cone

当前线框密度:ISOLINES=4

指定圆锥体底面的中心点或[椭圆(E)]<0,0,0>:

指定圆锥体底面的半径或[直径(D)]:20

指定圆锥体高度或[顶点(A)]:20

默认状态提示输入圆锥底面的中心点,并假定底面是圆,然后输入圆的半径或直径 $D$,输入圆锥的顶点或高度值。

圆锥的底面平行于当前的基准面。相反,"顶点"选项提示输入一个点,AutoCAD 由此得出圆锥的高度与方向。

"椭圆"选项用于创建底面为椭圆的圆锥体。创建这类圆锥体的某些提示与 AutoCAD 的 ELLIPSE 命令的提示一样。

(2)创建圆柱体。

用于创建两端直径相等的圆或椭圆作底面的圆柱体。圆柱体是与拉伸圆或椭圆相似的一种基本实体,但它没有拉伸斜角。

命令调用方式:

◆ 命令行:CYLINDER

◆ 菜单栏:绘图→建模→圆柱体

◆ 工具栏:单击"建模"工具栏→ 按钮

**操作命令:**

命令:_cylinder

当前线框密度:ISOLINES=4

指定圆柱体底面的中心点或[椭圆(E)]<0,0,0>:

指定圆柱体底面的半径或[直径(D)]:20

指定圆柱体高度或[另一个圆心(C)]:40

(3)创建球体。

用于创建一个三维体,三维体表面上的所有点到中心的距离都相等。创建球体只有一种方式,即中心轴与当前用户坐标系的 $Z$ 轴方向一致。

命令调用方式:

◆ 命令行:SPHERE

◆ 菜单栏:绘图→建模→球体

◆ 工具栏:单击"建模"工具栏→ 按钮

**操作命令:**

命令:_sphere

当前线框密度:ISOLINES=4

指定球体球心<0,0,0>:

指定球体半径或[直径(D)]:20

(4)在工程设计中,为了进一步表达设计意图,需要绘制一个工程的剖面图或截面图。

命令调用方式：
◆ 菜单:【绘图】/【建模】/【截面】
**操作命令**：
命令:section
选择对象:找到 1 个
选择对象:
指定截面上的第一个点,依照[对角(O)/Z 轴(Z)/视图(V)/XY/YZ/ZX/三点(3)]<三点>:YZ
指定 YZ 平面上的点<0,0,0>:

(5)旋转对象。

该命令通过旋转闭合的多段线、多边形、圆、椭圆、闭合的样条曲线、圆环和面域创建三维对象。

命令调用方式：
◆ 命令行:REVOLVE
◆ 菜单栏:绘图→建模→旋转
◆ 工具栏:"建模"工具栏→  按钮

**操作命令**：
命令:_revolve
当前线框密度:ISOLINES = 4
选择要旋转的对象:指定对角点:找到 3 个
选择要旋转的对象:
指定轴起点或根据以下选项之一定义轴[对象(O)/X/Y/Z]<对象>:O
选择对象:
指定旋转角度或[起点角度(ST)]<360>:

上述操作命令中:"旋转轴起点"该选项用于指定两个点确定旋转轴。轴的正方向从第一个点指向第二个点,旋转的正方向由右手定则确定。"对象"是指选择已有的直线或多段线中的单条线段定义旋转轴,轴的正方向是从这条直线上的最近端点指向最远端点。

"X/Y/Z"是指当前用户坐标系的 X 轴、Y 轴正向作为旋转轴。

6.创建复合实体

布尔运算(图 4-91):

(1)布尔并:组合实体是两个或多个实体的体积合并而形成的。
(2)布尔减:从第一个对象减去第二个对象,得到一个新的实体或面域。
(3)布尔交:两个或多个面域的重叠面积和两个或多个实体的公用部分的面积。

union

subtraction(差)
intersection(交)

图 4-91 布尔运算

通过布尔运算可以将两个或两个以上的实体或面域组合成一个新的复合体或面域。尽管布尔运算是在两个对象之间进行,但 AutoCAD 允许在一个布尔运算命令中选择多个对象。在 AutoCAD 中有三种基本的布尔运算:"并"、"交"和"差"。

UNION(并)、SUBTRACTION(差)和 INTERSECTION(交)命令允许在一个命令中同时选择多个实体和面域,但是,实体只和实体进行组合,面域只和面域进行组合。在进行面域之间的组合时,只能组合位于同一平面内的面域。意思是一个布尔运算命令可以创建一个复合实体,但可能会创建多个复合面域。

"交"运算:用于将两个或多个对象的公共部分生成复合对象。如果选择的对象是实体,INTERSECT 命令将计算两个或多个实体的公共部分的体积,并生成复合实体。如果选择的对象是面域,INTERSECT 命令将计算两个或多个面域的重叠面积,并生成复合面域。

命令调用方式:
- ◆ 命令行:INTERSECT
- ◆ 菜单栏:修改→实体编辑→交集
- ◆ 工具栏:在"实体编辑"工具栏→ ⓒ 按钮

**操作命令:**

命令:_intersect
选择对象:指定对角点:找到 2 个
选择对象:

布尔运算结果对比如图 4-92 所示。

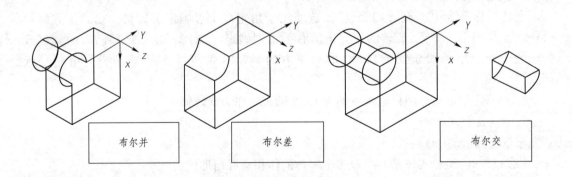

图 4-92 布尔运算结果对比

【实训 4-15】 根据桥墩构造图的三面投影图 4-93,绘制其立体图。

操作提示:
(1)先画桩的三维效果图。
(2)画承台的三维效果图。
(3)画立柱的三维效果图。
(4)画墩帽的三维效果图。

**技巧:**先绘制桩的三维效果图,再根据分析的结果把承台叠上去,再画立柱,抓住墩帽的特征图画墩帽的三维效果图,再调整其相对位置。

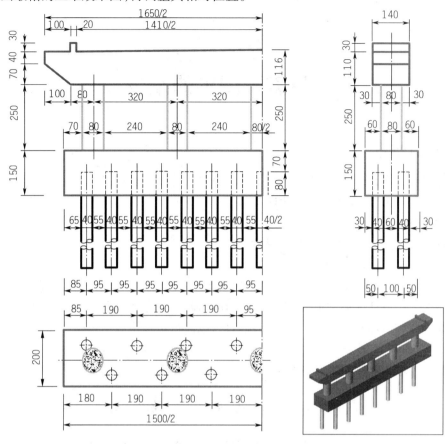

图 4-93　桥墩三维效果图

# 项目五  图形的编辑

### 学习要点

1. 修剪和延伸对象。
2. 调整图形对象的位置和倾斜方向。
3. 比例缩放对象。
4. 通过调整对象特性编辑修改图形对象。

在绘图过程中,用户不仅要创建新的图形对象,而且也会不断地修改已有的图形对象。AutoCAD 200X 的设计优势在很大程度上表现在其强大的图形编辑功能上,这使用户不仅能方便、快捷地改变图形对象的大小和形状,而且可以通过编辑现有图形生成新对象。本项目将介绍修剪、圆角、旋转、对齐、拉伸等编辑功能。通过本项目的学习,可以掌握 AutoCAD 200X 常用的编辑命令和一些编辑技巧。

## 任务一  形成圆弧连接关系

道路桥梁工程制图中经常用到圆弧与直线连接或圆弧与圆弧连接。如道路的平面曲线、涵洞的洞口、隧道的洞门等。图 5-1 所示为道路的平面交叉路口,就是用圆弧与直线连接而成的。

【实训 5-1】 用修剪方式、圆角方式完成道路平面交叉路口的绘制。

### 一、采用修剪方式完成圆弧连接

操作步骤:

①使用直线命令 LINE 绘制交叉角度为 60°的两条直线,如图 5-2a)所示。

②使用偏移命令 OFFSET 将步骤①绘制的直线段分别向上下和左右两侧偏移 30,结果如图 5-2b)所示。

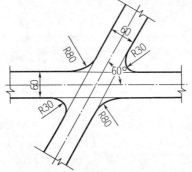

图 5-1  道路的平面交叉路口

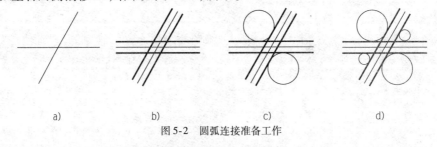

图 5-2  圆弧连接准备工作

③使用"相切、相切、半径"方式绘制半径为80的圆,如图5-2c)所示。
④使用"相切、相切、半径"方式绘制半径为30的圆,如图5-2d)所示。
⑤在命令提示行输入修剪命令TRIM(命令缩写TR)后按Enter键,AutoCAD 2008提示:

命令:trim　　　　　　　　　　　　　　　　　　　　　　　　←输入命令,按Enter键
当前设置:投影=UCS,边=无
选择剪切边…
选择对象或 <全部选择>:找到1个←移动鼠标选择前一步完成图形中的直线1,单击鼠标左键确定
选择对象:找到1个,总计2个　　←移动鼠标选择前一步完成图形中的直线4,单击鼠标左键确定
选择对象:　　　　　　　　　　　←按Enter键,完成剪切边的选择,如图5-3a)所示
选择要修剪的对象,或按住Shift键选择要延伸的对象,或
[栏选(F)/窗交(C)/投影(P)/边(E)/删除(R)/放弃(U)]:
　　　　　　　　　　←移动鼠标选择与直线1、4相切的圆需要修剪掉的部分,如图5-3b)所示
选择要修剪的对象,或按住Shift键选择要延伸的对象,或
[栏选(F)/窗交(C)/投影(P)/边(E)/删除(R)/放弃(U)]:　　　　←按Enter键,完成修剪
结果如图5-3c)所示。

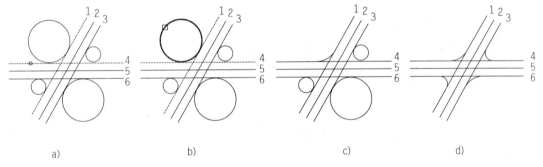

a)　　　　　　　　　　b)　　　　　　　　　　c)　　　　　　　　　　d)

图5-3　修剪方式形成圆弧连接过程

⑥重复步骤⑤的操作过程,分别选择直线3、6,直线1、6,直线3、4作为剪切边,完成其余3个圆的修剪,结果如图5-3d)所示。
⑦点击"修改"工具栏上的 按钮,调用"打断于点"命令,AutoCAD 2008提示:

命令:_break 选择对象:　　　　　　　　　　←移动鼠标选中直线1,单击鼠标左键确认
指定第二个打断点 或[第一点(F)]:_F
指定第一个打断点:　　←配合对象捕捉工具选中圆弧与直线1的连接点(切点),单击鼠标左键确认
指定第二个打断点:@
完成该步骤后,直线1从打断点分割成两段,各段成为一个独立对象。
⑧重复步骤⑦的操作,将每段圆弧与直线的连接位置打断。
⑨选中直线2、5,将其线型调整为点划线,选中圆弧以及与其相连的各直线段,将其线宽调整为"0.30毫米",单击状态栏上的线宽按钮,显示线宽,得到如图5-1所示道路平面交叉口图。

 **知识链接**

1.关于修剪命令
(1)命令调用方式
◆ 命令行:TRIM
◆ 命令快捷方式:TR

◆ 菜单:【修改】→【修剪】

◆ 工具栏按钮:修改工具栏→

(2) 命令选项说明

①栏选(F):通过绘制连续折线的方式选择需要修剪的对象,与折线相交的所有对象将被修剪。

②窗交(C):以交叉窗口方式选择修剪对象,与窗口具有交叉关系和包容关系的所有对象将被修剪。

③投影(P):该选项用于设置执行修剪的空间。例如,三维空间中两条线段呈交叉关系,用户可利用该选项假想将其投影到某一平面上执行修剪操作。

④边(E):设定裁剪边界是否延伸。选择该选项后,AutoCAD 2008 提示:"输入隐含边延伸模式[延伸(E)/不延伸(N)]〈不延伸〉:"。如果选择"延伸(E)"方式进行修剪,则在此方式下,即使剪切边没有与要修剪的对象相交,系统也会自动延伸边直至与对象相交,然后再进行修剪。否则将只能修剪与剪切边相交的对象,如图 5-4 所示。

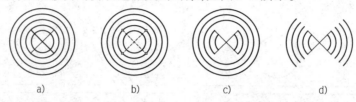

图 5-4 修剪时边界延伸与否的区别

a) 原图形;b) 选择修剪边界;c) 修剪时边界"不延伸";d) 修剪时边界"延伸"

⑤删除(R):在不退出 TRIM 命令的情况下删除选定的对象。

(3) 命令功能说明

①若在"选择对象或 < 全部选择 >:"提示下直接按下空格键或 Enter 键,则绘图区中所有的对象可以互为控制边界和被修剪对象,系统会在选择的对象中自动判断边界,图形元素之间就能进行相互修剪,用户接下来的任务仅仅是仔细地选择被修剪的部分。

②修剪图形时最后一段或单独一段是无法修剪掉的,如果需要删除,可以用删除命令完成。

图 5-5 利用修剪命令修剪填充图案

a) 原填充图形;b) 修剪填充内容后

③修剪命令除了可以修剪线性对象外,还可以修剪填充图案,如图 5-5 所示。

④利用鼠标拾取需要裁剪的部分时,如果按住 Shift 键,系统就自动将"修剪"命令转换成"延伸"命令。

2. 关于打断命令

(1) 命令调用方式

◆ 命令行:BREAK

◆ 命令快捷方式:BR

◆ 菜单:【修改】→【打断】

◆ 工具栏按钮:修改工具栏→ 或

(2) 命令选项说明

①打断命令对应有两个按钮来实现不同的打断方式,其中"打断"按钮 主要用于将对

象从中间截掉一部分,而"打断于点"按钮主要用于将对象从中间某处断开。

②打断命令中的"选择对象"提示除选择对象之外,在缺省情况下是将拾取对象的位置作为断开的第一点;如果要重新指定第一点,可在"指定第二个打断点或[第一点(F)]:"提示下输入参数F来重新选择。

③指定第一个打断点后,在"指定第二个打断点或[第一点(F)]:"或"指定第二个打断点:"提示下直接输入"@",则表示第二个断开点与第一个断开点是同一点,即采用"打断于点"方式。在这种方式下虽然无法直接观察打断情况,但是实际上对象已被无缝隙断开,如图5-6所示。

④将圆或圆弧进行断开操作时,AutoCAD 默认将第一、二两点间按逆时针旋转的部分断开,操作时一定要注意第一、二两点的拾取顺序和两点间的位置关系,否则可能会把不该去掉的部分截掉,如图5-7所示。

⑤一个完整的圆不能在同一点被打断,也就是说,圆不能使用"打断于点"方式编辑修改。

⑥被打断成两段或两段以上的对象可以通过合并命令 JOIN 完成连接,合并命令还可以将一段圆弧闭合为完整的圆。

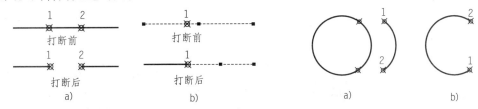

图5-6 直线的打断
a)两点间打断;b)打断于点 1、2 点表示选择的顺序

图5-7 圆的打断
a)打断前;b)打断后

**提示**:如果要删除线段或圆弧的一端,可在选择被打断的对象后,将第二打断点指定在在要删除部分那端的外面。

## 二、采用圆角方式完成圆弧连接

如果已知圆弧所在圆的半径,圆弧连接还可以通过圆角命令完成。下面通过绘制图5-1所示图中道路平面交叉口来学习如何使用圆角命令完成圆弧连接。

操作步骤:

①使用直线命令 LINE 绘制交叉角度为 60°的两条直线,如图5-8a)所示。

②使用偏移命令 OFFSET 将步骤①绘制直线段分别向上下和左右两侧偏移30,结果如图5-8b)所示。

③在命令提示行输入圆角命令 FILLET(命令缩写 F)后按 Enter 键,AutoCAD 2008 提示:
命令:fillet　　　　　　　　　　　　　　　　　　　←输入命令,按 Enter 键
当前设置:模式 = 修剪,半径 = 0.0000
选择第一个对象或[放弃(U)/多段线(P)/半径(R)/修剪(T)/多个(M)]:T
　　　　　　　　　　　←输入选项参数"T",按 Enter 键,打开修剪模式选择选项
输入修剪模式选项[修剪(T)/不修剪(N)] <修剪>:N
　　　　　　　　　　　←输入选项参数"N",按 Enter 键,设置修剪模式为"修剪"
选择第一个对象或[放弃(U)/多段线(P)/半径(R)/修剪(T)/多个(M)]:R
　　　　　　　　　　　←输入选项参数"R",按 Enter 键,设置圆角半径

指定圆角半径 <0.0000>:80　　　　　　　　　　←输入半径值"80",按 Enter 键
选择第一个对象或[放弃(U)/多段线(P)/半径(R)/修剪(T)/多个(M)]:
　　　　　　　　　　　　　　　　　　　　　←移动鼠标选中直线1,单击鼠标左键确认
选择第二个对象,或按住 Shift 键选择要应用角点的对象:
　　　　　　　　　←移动鼠标选中直线4,单击鼠标左键,完成直线1和直线4的圆弧连接
命令:　　　　　　　　　　　　　　　　　　←按 Enter 键,再次调用圆角命令
FILLET
当前设置:模式 = 不修剪,半径 = 80.0000
选择第一个对象或[放弃(U)/多段线(P)/半径(R)/修剪(T)/多个(M)]:
　　　　　　　　　　　　　　　　　　　　　←移动鼠标选中直线3,单击鼠标左键确认
选择第二个对象,或按住 Shift 键选择要应用角点的对象:
　　　　　　　　　←移动鼠标选中直线6,单击鼠标左键,完成直线3和直线6的圆弧连接
命令:　　　　　　　　　　　　　　　　　　←按 Enter 键,重复调用圆角命令
FILLET
当前设置:模式 = 不修剪,半径 = 80.0000
选择第一个对象或[放弃(U)/多段线(P)/半径(R)/修剪(T)/多个(M)]:R
　　　　　　　　　　　　　　　←输入选项参数"R",按 Enter 键,修改圆角半径
指定圆角半径 <80.0000>:30　　　　　　　　←输入新半径值"30",按 Enter 键
选择第一个对象或[放弃(U)/多段线(P)/半径(R)/修剪(T)/多个(M)]:
　　　　　　　　　　　　　　　　　　　　　←移动鼠标选中直线1,单击鼠标左键确认
选择第二个对象,或按住 Shift 键选择要应用角点的对象:
　　　　　　　　　←移动鼠标选中直线6,单击鼠标左键,完成直线1和直线6的圆弧连接
命令:　　　　　　　　　　　　　　　　　　←按 Enter 键,重复调用圆角命令
FILLET
当前设置:模式 = 不修剪,半径 = 30.0000
选择第一个对象或[放弃(U)/多段线(P)/半径(R)/修剪(T)/多个(M)]:
　　　　　　　　　　　　　　　　　　　　　←移动鼠标选中直线3,单击鼠标左键确认
选择第二个对象,或按住 Shift 键选择要应用角点的对象:
　　　　　　　　　←移动鼠标选中直线4,单击鼠标左键,完成直线3和直线4的圆弧连接
结果如图 5-8c)所示。

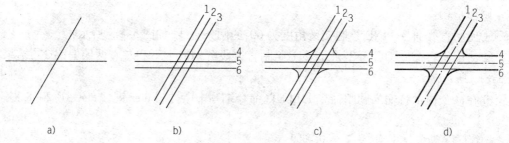

图 5-8　圆角方式形成圆弧连接过程

④点击"修改"工具栏上的▢按钮,调用"打断于点"命令,依次将每段圆弧与直线的连接位置打断。

⑤选中直线2、5,将其线型调整为点划线,选中圆弧以及与其相连的各直线段,将其线宽调整为"0.30毫米"(具体操作参见项目三),点击状态栏上的按钮,显示线宽,得到如图 5-8d)所示道路平面交叉口图。

**知识链接**

1. 圆角命令调用方式
◆ 命令行:FILLET
◆ 命令快捷方式:F
◆ 菜单:【修改】→【圆角】
◆ 工具栏按钮:修改工具栏→

2. 圆角命令选项说明

①多段线(F):用于在对多段线进行圆角操作时将每个直线段间的顶点进行圆角操作。

②半径(R):用于设定圆角半径。

③修剪(T):用于设定完成圆角操作后是否修剪对象。选择给选项后,AutoCAD 2008 提示:"输入修剪模式选项[修剪(T)/不修剪(N)]〈不修剪〉:"。如果选择"修剪(T)"方式进行圆角操作,则完成操作后,圆弧连接多余的部分将被修剪掉。选择"不修剪(N)"方式则会在圆弧连接完成后保留原对象状态,如图5-9所示。

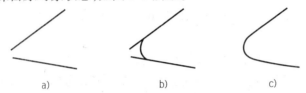

图 5-9 圆角操作时选择修剪与否的区别
a)原图形;b)圆角操作选择"不修剪"方式;c)圆角操作选择"修剪"方式

④多个(M):该选项可以一次创建多个圆角。

⑤按住 Shift 键选择要应用角点的对象:选择第二个圆角对象时按住 Shift 键,系统将以 0 值替代当前的圆角半径。

3. 圆角命令功能说明

①圆角命令,不仅可以在直线对象间完成圆角操作,还可以在圆和圆弧以及直线之间完成圆弧连接,如图5-10所示,但对多段线的操作只能在直线段之间完成。

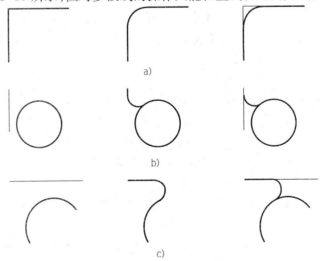

图 5-10 圆角命令示例
a)两直线间倒圆角;b)直线与圆之间倒圆角;c)直线与圆弧间倒圆角

②在使用"多段线"选项对多段线进行圆角操作时,如果多段线本身是通过"封闭(C)"选项完成首尾封闭连接,则在多段线的直线段之间会自动倒出圆角。如果多段线最后一段的终点和起点仅仅是通过手动相连,则该多段线的起终点之间不会进行圆角操作。

③如果将圆角半径设定为0,则在修剪模式下,无论两条非平行直线间相互关系如何,都将会自动准确相交,如图5-11所示。

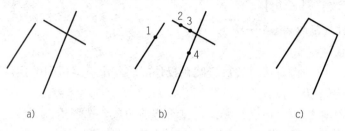

图5-11 圆角半径设置为0时操作效果
a)原图;b)依次拾取各点;c)圆角操作完成后结果

## 任务二 调整图形的位置及倾斜方向

【实训5-2】 使用旋转命令改变对象的倾斜方向。

工程图样中很多图形对象的方向并不是水平方向、竖直方向或者某些特殊位置方向,如果绘图时就直接按照图形对象的原始方向绘制,在图形对象的定位、定向上可能会耗费很多时间。使用AutoCAD绘图时,可以先按照容易辨识的方向先将图形对象绘制完成,再根据其放置的方向进行一定角度的旋转,这样可以大大节省绘图时间。如图5-12所示,使用旋转命令ROTATE可以快速准确完成图像对象的绘制。

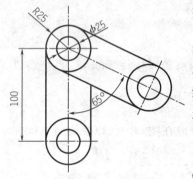

图5-12 工程图样

操作步骤:

①根据图中尺寸关系,使用直线命令LINE和圆绘制命令CIRCLE绘制竖直方向上的图形对象,如图5-13a)所示。

②在命令提示行输入旋转命令ROTATE(命令缩写RO)后按Enter键,AutoCAD 2008提示:

命令:rotate　　　　　　　　　　　　　　　　　　　　　　　　　　←输入命令,按Enter键
UCS当前的正角方向:ANGDIR=逆时针 ANGBASE=0
选择对象:指定对角点:找到9个←选择步骤1完成图形对象作为旋转对象
选择对象:　　　　　　　　　　　　　←按Enter键或单击鼠标右键确定对象选择工作完成
指定基点:　　←配合对象捕捉工具移动鼠标捕捉到图像对象中上方的圆心位置,单击鼠标左键确认
指定旋转角度,或[复制(C)/参照(R)]<0>:C
　　　　　　　　←输入选项参数"C",按Enter键,使用复制对象方式旋转对象旋转一组选定对象。
指定旋转角度,或[复制(C)/参照(R)]<0>:65
　　　　　　　　　　　　　　　←输入旋转角度值"65",按Enter键,完成对象的旋转复制工作
结果如图5-13b)所示。

③使用修剪命令TRIM将步骤②完成图形对象中的多余线条修剪掉,结果如图5-13c)

所示。

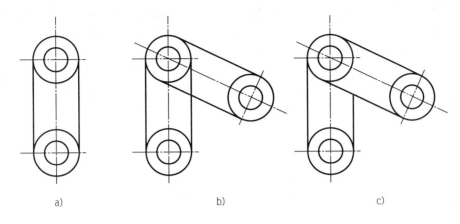

图 5-13 使用旋转命令绘图过程

### 知识链接

1. 旋转命令调用方式
- 命令行:ROTATE
- 命令快捷方式:RO
- 菜单:【修改】→【旋转】
- 工具栏按钮:修改工具栏→

2. 旋转命令功能说明

①基点的选择与实体旋转后的图形位置有关,因此,应根据绘图需要指定基点,且基点最好选在已知的对象上,这样可以避免引起混乱。

②转角是基于当前用户坐标系测量的。若输入的旋转角度为正,选定对象将按逆时针方向旋转;反之,选定对象将按顺时针方向旋转。

③默认状态下,旋转操作完成后,原位置上的图形对象将被删除,若要保留原位置上的图形对象,可以在"指定旋转角度,或[复制(C)/参照(R)] <0 >:"提示下先选择参数"复制(C)",然后再给出旋转角度,如图 5-14 所示。

④某些情况下,可能并不能准确知道旋转的角度值,只能在图中获取对象旋转前后的位置信息,此时,可以在"指定旋转角度,或[复制(C)/参照(R)] <0 >:"提示下先选择参数"参照(R)",通过先指定某个方向作为起始参照角,然后选择一个新对象作为原对象要旋转到的位置的方式来确定旋转角度。如图 5-15 所示,如果需要将键槽由直线 $AB$ 位置旋转到直线 $AC$ 位置,可以在命令提示行输入旋转命令 ROTATE(命令缩写 RO)后按 Enter 键,AutoCAD 2008 提示:

命令:rotate　　　　　　　　　　　　　　　　　　　　　←输入命令,按 Enter 键
UCS 当前的正角方向:ANGDIR = 逆时针 ANGBASE =0
选择对象:指定对角点:找到 4 个　　　　　　　　　　　←选择键槽作为需要旋转的对象
选择对象:　　　　　　　　　　　　　　　　　　　　　←按 Enter 键或单击鼠标右键确认选择的对象
指定基点:　　　　←配合对象捕捉工具移动鼠标捕捉到大圆圆心 $A$ 点作为旋转基点,单击鼠标左键确认
指定旋转角度,或[复制(C)/参照(R)] <0 >:r

指定参照角 <39>：　　　　　　　←输入选项参数"R"，按 Enter 键，使用参照方式旋转对象
指定第二点：　　　　　　　　　←配合对象捕捉工具移动鼠标捕捉到 A 点，单击鼠标左键确认
指定新角度或[点(P)]<248>：　　←配合对象捕捉工具移动鼠标捕捉到 B 点，单击鼠标左键确认
　　　　　　　　　　　　　　　←配合对象捕捉工具移动鼠标捕捉到 C 点，单击鼠标左键确认

图 5-14　旋转操作时选择复制与否的区别
a) 直接旋转对象；b) 对象旋转时选择"复制"参数

结果如图 5-15 所示。

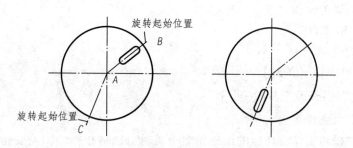

图 5-15　使用"参照"选项旋转图形

【实训 5-3】　使用对齐命令改变对象的位置和方向。

对齐命令 ALIGN 可以同时移动和旋转一个对象，使之与另一个对象对齐。例如，在绘制图 5-16 所示图形对象过程中，可以使用对齐命令使矩形对象中的 a 点、b 点分别与圆中的 A 点、B 点对齐，从而完成绘图工作。操作过程中，用户只需按照 AutoCAD 2008 提示指定源对象与目标对象的一点、两点或三点对齐就可以了。

操作步骤：

① 根据图中尺寸关系，分别使用圆和矩形命令绘制，如图 5-16a) 所示。
② 在命令提示行输入对齐命令 ALIGN(命令缩写 AL) 后按 Enter 键，AutoCAD 2008 提示：

命令：align　　　　　　　　　　　　　　　←输入命令，按 Enter 键
选择对象：指定对角点：找到 4 个　　　　　←选择步骤 1 绘制矩形作为对齐操作对象
选择对象：　　　　　　　　　　　　　　　←按 Enter 键或单击鼠标右键确认选择的对象
指定第一个源点：　　　　　　　　　　　　←配合对象捕捉工具捕捉到矩形对象上 a 点，单击鼠标左键确认
指定第一个目标点：　　　　　　　　　　　←配合对象捕捉工具捕捉到圆上 A 点，单击鼠标左键确认
指定第二个源点：　　　　　　　　　　　　←配合对象捕捉工具捕捉到矩形对象上 b 点，单击鼠标左键确认
指定第二个目标点：　　　　　　　　　　　←配合对象捕捉工具捕捉到圆心 B 点，单击鼠标左键确认
指定第三个源点或 <继续>：　　　　　　　←按 Enter 键，完成配对工作
是否基于对齐点缩放对象？[是(Y)/否(N)] <否>：
　　　　　　　　　　　　　　　　　　　　←按 Enter 键，确认不基于对齐点缩放对象并完成对齐操作

结果如图 5-16b)所示。

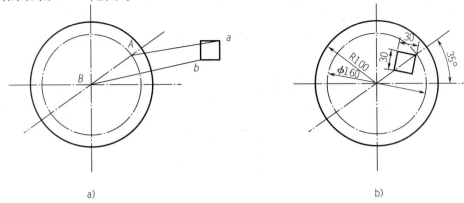

图 5-16 对齐对象

 **知识链接**

1. 对齐命令调用方式
◆ 命令行:ALIGN
◆ 命令快捷方式:AL
◆ 菜单:【修改】→【三维操作】→【对齐】
2. 对齐命令功能说明

①对齐命令可以在二维平面和三维空间中将选中对象同时完成移动和旋转后与其他对象对齐。

②对齐操作时可以根据需要指定一对、两对或三对源点和定义点,以对齐选定对象。当只选择一对源点和目标点时,选定对象将在二维平面或三维空间从源点移动到目标点,如图 5-17b)所示,其实用效果与移动命令 MOVE 相同。

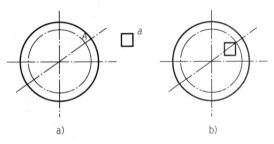

图 5-17 使用一对源点和目标点对齐操作
a)原图;b)对齐操作后

③当选择两对点时,可以在二维平面或三维空间移动、旋转和缩放选定对象,以便与其他对象对齐。在输入了第二对点后,系统会给出缩放对象的提示。若选择基于对齐点缩放对象,则系统将自动以第一目标点和第二目标点之间的距离作为缩放对象的参考长度,如图 5-18c)所示。只有使用两对点对齐对象时才能使用缩放。

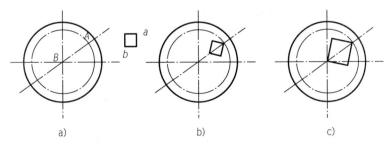

图 5-18 使用两对源点和目标点对齐操作
a)原图;b)不基于对齐点缩放对象;c)基于对齐点缩放对象

**提示**：如果使用两个源点和目标点在非垂直的工作平面上执行三维对齐操作,将会产生不可预料的结果。

④当选择三对点时,选定对象可在三维空间移动和旋转,使之与其他对象对齐,如图 5-19 所示。

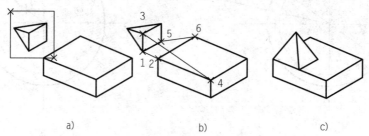

图 5-19 使用三对源点和目标点对齐操作
a)选择对象;b)指定3对点;c)对齐结果

## 任务三 改变图形对象的形状

本任务主要介绍拉伸、拉长和延伸对象的方法。

【实训 5-4】 采用拉伸命令改变图形对象的长度和位置。

如果图形的 $X$ 或 $Y$ 轴方向上的尺寸有错误,或者想调整图形中某部分实体的位置,可以使用 STRETCH 命令。例如,需要将图 5-20 所示桥墩盖梁由图 5-20a)修改为图 5-20b)图的尺寸和位置(标高)关系,可以直接使用拉伸命令 STRETCH 完成。

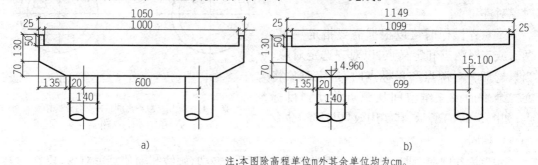

注:本图除高程单位m外其余单位均为cm。

图 5-20 拉伸命令修改桥墩盖梁
a)修改前;b)修改后

操作步骤:

①根据图示尺寸关系,完成修改前桥墩盖梁的绘制,如图 5-21a)所示。

②在命令提示行输入拉伸命令 STRETCH(命令缩写 S)后按 Enter 键,AutoCAD 2008 提示:

命令：stretch　　　　　　　　　　　　　　　　　　　←输入命令,按 Enter 键
以交叉窗口或交叉多边形选择要拉伸的对象…
选择对象:指定对角点:找到 11 个
　　　　　←以交叉窗口方式选择需要拉伸的对象,如图 5-21b)所示,单击鼠标左键确认
选择对象：　　　　　　　　　　　　　　　←按 Enter 键或单击鼠标右键确认选择的对象
指定基点或[位移(D)] <位移>:　　　　　　←在绘图区任意位置单击鼠标左键,指定基点

指定第二个点或 <使用第一个点作为位移>：@99,14

←输入第二点的相对坐标,按 Enter 键,完成修改工作

结果如图 5-21c)所示。

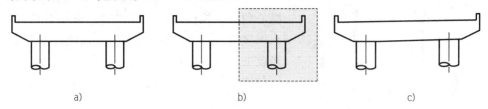

图 5-21 使用拉伸命令调整对象长度和位置操作过程
a)原图；b)利用交叉窗口选择对象；c)结果

 **知识链接**

1. 拉伸命令调用方式

◆ 命令行：STRETCH

◆ 命令快捷方式：S

◆ 菜单：【修改】→【拉伸】

◆ 工具栏按钮：修改工具栏→

2. 拉伸命令功能说明

①拉伸命令 STRETCH 可以使用户拉伸、缩短及移动实体。该命令通过改变端点的位置来修改图形对象,编辑过程中除被伸长、缩短的对象外,其他图形元素的大小及相互间的几何关系将保持不变。

②使用拉伸命令时,图形对象的选择只能使用交叉窗口方式或交叉多边形方式完成。

③AutoCAD 可以拉伸圆弧、椭圆弧、直线、多段线段、多线、样条曲线以及使用矩形命令 RETCANG 绘制的矩形和正多边形命令 POLYGON 绘制的正多边形等。其中多段线按照一段一段的直线和圆弧处理。

④拉伸命令一次可以拉伸多个图形对象。拉伸时只移动包含在选择窗口里面对象的端点,而窗口外面的端点不变,如图 5-22 所示。

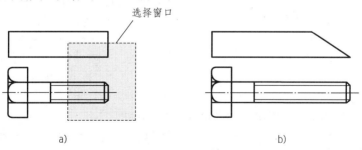

图 5-22 拉伸实例
a)拉伸前；b)拉伸后

⑤定拉伸距离和方向可以使用鼠标直接在屏幕上指定两个点,这两点的距离和方向代表了拉伸实体的距离和方向。另外也可以通过输入两点之间的绝对坐标或相对坐标来确定拉伸的距离和方向。

提示：如果对象完全包含在交叉窗口或交叉多边形里面,则此时拉伸命令与使用移动命

令 MOVE 的效果一样。

【实训 5-5】 使用拉长命令改变图形对象的长度。

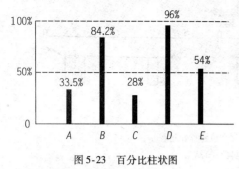

图 5-23 百分比柱状图

拉长命令可以修改直线长度或圆弧的长度以及圆心角度。拉长命令允许以动态拖拉对象终点,输入增量值,输入百分比值或输入对象的总长等方法来改变对象的长度。拉长命令在绘制图 5-23 所示百分比柱状图时会比较方便快捷。

操作步骤:

①使用直线命令绘制水平方向和竖直方向上的柱状图框架直线段,并调整线型和线宽,如图5-24a)所示(线段长度为任意长度)。

②打开点样式对话框,将点样式设置为任意明显可见样式。

③使用定数等分命令 DIVIDE 将表示横轴的直线段等分为 6 段,如图 5-24b)所示(具体操作参照项目三任务六)。

④自行设置适当的宽度值,使用多段线命令 PLINE 绘制具有一定宽度的直线段,并使用复制命令 COPY 将宽度直线复制到各等分点上,如图 5-24c)所示。

⑤在命令提示行输入拉长命令 LENGTHEN(命令缩写 LEN)后按 Enter 键,AutoCAD 2008 提示:

命令: lengthen　　　　　　　　　　　　　　　　　　　　　　←输入命令,按 Enter 键
选择对象或[增量(DE)/百分数(P)/全部(T)/动态(DY)]:P
　　　　　　　　　　　　　←输入选项参数"P",按 Enter 键,使用百分数方式修改对象长度
输入长度百分数 <100.0000>:33.5　　　　　　　　←输入长度百分比值,按 Enter 键确认
选择要修改的对象或[放弃(U)]:　　　　　　　←移动鼠标至线段 A 上端,单击鼠标左键
选择要修改的对象或[放弃(U)]:　　　　　　　　　　　　　　　←按 Enter 键结束修改
命令:　　　　　　　　　　　　　　　　　　　　　　　　←按 Enter 键再次调用拉长命令
LENGTHEN
选择对象或[增量(DE)/百分数(P)/全部(T)/动态(DY)]:P
　　　　　　　　　　　　　←输入选项参数"P",按 Enter 键,使用百分数方式修改对象长度
输入长度百分数 <33.5000>:84.2　　　　　　　←输入新的长度百分比值,按 Enter 键确认
选择要修改的对象或[放弃(U)]:　　　　　　　←移动鼠标至线段 B 上端,单击鼠标左键
选择要修改的对象或[放弃(U)]:　　　　　　　　　　　　　　　←按 Enter 键结束修改
命令:　　　　　　　　　　　　　　　　　　　　　　　　←按 Enter 键继续调用拉长命令
LENGTHEN
选择对象或[增量(DE)/百分数(P)/全部(T)/动态(DY)]:P
　　　　　　　　　　　　　←输入选项参数"P",按 Enter 键,使用百分数方式修改对象长度
输入长度百分数 <84.2000>:28　　　　　　　　←输入新的长度百分比值,按 Enter 键确认
选择要修改的对象或[放弃(U)]:　　　　　　　←移动鼠标至线段 B 上端,单击鼠标左键
选择要修改的对象或[放弃(U)]:　　　　　　　　　　　　　　　←按 Enter 键结束修改
命令:　　　　　　　　　　　　　　　　　　　　　　　　←按 Enter 键继续调用拉长命令
LENGTHEN
选择对象或[增量(DE)/百分数(P)/全部(T)/动态(DY)]:P
　　　　　　　　　　　　　←输入选项参数"P",按 Enter 键,使用百分数方式修改对象长度

输入长度百分数 <28.0000>:96　　　　　←输入新的长度百分比值,按 Enter 键确认
选择要修改的对象或[放弃(U)]:　　　　←移动鼠标至线段 C 上端,单击鼠标左键
选择要修改的对象或[放弃(U)]:　　　　　　　　←按 Enter 键结束修改
命令:　　　　　　　　　　　　　　　　←按 Enter 键继续调用拉长命令
LENGTHEN
选择对象或[增量(DE)/百分数(P)/全部(T)/动态(DY)]:P
　　　　　　　　　　←输入选项参数"P",按 Enter 键,使用百分数方式修改对象长度
输入长度百分数 <96.0000>:54　　　　←输入新的长度百分比值,按 Enter 键确认
选择要修改的对象或[放弃(U)]:　　　　←移动鼠标至线段 B 上端,单击鼠标左键
选择要修改的对象或[放弃(U)]:　　　　　　　　←按 Enter 键结束修改命令
结果如图 5-24d)所示。

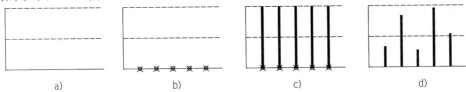

图 5-24　使用拉长命令绘制柱状图操作过程
a)绘制框架直线;b)定数等分线段;c)绘制宽线;d)使用拉长命令修改结果

## 知识链接

1. 拉长命令调用方式

◆ 命令行:LENGTHEN

◆ 命令快捷方式:LEN

◆ 菜单:【修改】→【拉长】

◆ 工具栏按钮:修改工具栏→（AutoCAD 2008 修改工具栏在默认情况下没有此图标,用户可以自己添加）

2. 拉长命令选项说明

①增量(DE):通过输入增减量值调整长度或角度。

②百分数(P):通过指定对象总长度的百分数来调整对象长度。

③全部(T):通过指定从固定端点测量的总长度的绝对值来修改选定对象的长度。

④动态(DY):通过鼠标移动拖动选定对象的端点之一来改变其长度,其他端点保持不变。

3. 拉长命令功能说明

①拉长命令 LENGTHEN 可以改变所选对象的长度以及圆弧的圆心角度。它可用来拉长或缩短直线、多段线、圆弧和椭圆弧,对样条曲线只能缩短。对闭合的图形对象,如圆、矩形等只起测量作用,不能改变其长度。

②在"选择对象或[增量(DE)/百分数(P)/全部(T)/动态(DY)]:"提示下如果没有输入选项参数而直接选择对象,则会在命令提示行中显示被选中对象的长度和角度值。

③使用增量方式修改对象长度时,输入值为正,对象将拉长,为负时缩短。采用百分比方式调整对象长度时,长度百分数必须为非零正数,输入值在 0 到 100 之间时,对象缩短;取值等于 100 时,对象长度不变;取值大于 100 时,对象长度增加。无论使用哪种方式调整对

象长度或圆弧的圆心角度,拉长命令会从距离选择点最近的端点处开始。

【实训5-6】 使用延伸命令延长图线。

延伸命令的作用恰好与修剪命令相反,使用延伸命令EXTEND可以将线段和曲线等对象延伸到一个边界对象,使其与边界对象相交。有时边界对象可能是隐含边界,这时对象延伸后并不与边界直接相交,而是与边界的隐含部分(延长线)相交。如图5-25所示,可以使用延伸命令将直线$A$、$B$延伸到直线$C$上。

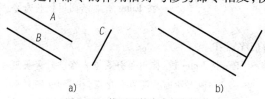

图5-25 使用延伸命令延长线条
a)延伸线段$A$、$B$到线段$C$;b)结果

操作步骤:

①使用直线命令绘制任意长度和方向平行直线段$A$、$B$和与直线段$A$、$B$不平行的任意线段$C$,如图5-25a)所示。

②在命令提示行输入延伸命令EXTEND(命令缩写EX)后按Enter键,AutoCAD 2008提示:

命令:extend                                                    ←输入命令,按Enter键
命令:_extend
当前设置:投影=UCS,边=无
选择边界的边…
选择对象或 <全部选择>:找到1个
                                        ←使用鼠标单击选中直线段$C$作为延伸边界
选择对象:                               ←按Enter键或单击鼠标右键确认选择的对象
选择要延伸的对象,或按住Shift键选择要修剪的对象,或
[栏选(F)/窗交(C)/投影(P)/边(E)/放弃(U)]:E
                                        ←输入选项参数"E",按Enter键,调用边界设置选项
输入隐含边延伸模式[延伸(E)/不延伸(N)] <不延伸>:E
                                        ←输入选项参数"E",按Enter键,设置边界为延伸模式
选择要延伸的对象,或按住Shift键选择要修剪的对象,或
[栏选(F)/窗交(C)/投影(P)/边(E)/放弃(U)]:   ←使用鼠标单击选中直线段$A$完成延伸
选择要延伸的对象,或按住Shift键选择要修剪的对象,或
[栏选(F)/窗交(C)/投影(P)/边(E)/放弃(U)]:   ←使用鼠标单击选中直线段$B$完成延伸
选择要延伸的对象,或按住Shift键选择要修剪的对象,或
[栏选(F)/窗交(C)/投影(P)/边(E)/放弃(U)]:                ←按Enter键结束延伸操作

结果如图5-25b)所示。

 **知识链接**

1. 延伸命令调用方式

◆ 命令:EXTEND

◆ 命令快捷方式:EX

◆ 菜单:【修改】→【延伸】

◆ 工具栏按钮:修改工具栏→

2. 延伸命令选项说明

①栏选(F):通过绘制连续折线的方式选择需要修剪的对象,与折线相交的所有对象将

被修剪。

②窗交(C):以交叉窗口方式选择修剪对象,与窗口具有交叉关系和包容关系的所有对象将被修剪。

③投影(P):改选项用于设置执行修剪的空间。例如,三维空间中两条线段呈交叉关系,用户可利用该选项假想将其投影到某一平面上执行修剪操作。

④边(E):设定是否将对象延伸到隐含边界(延长线)。选择给选项后,AutoCAD 2008提示:"输入隐含边[延伸模式(E)/不延伸(N)]〈不延伸〉:"。如果选择"延伸(E)"方式进行延伸,此方式下,即使边界边太短且延伸对象后不能与其直接相交(如图5-25中需延长线段 $A$ 与边界线段 $C$),AutoCAD会假想将边界边延长,然后使延伸边伸长到与边界相交的位置。否则将只能延伸与边界边可以直接相交的对象。

3. 延伸命令功能说明

①延伸命令调用后,首先提示选择的对象是作为延伸边界的对象,延伸边界可以有多条,确认后,再选择被延伸的对象。连续选择被延伸的对象,可延伸多个对象,直到按Enter键结束命令。

②有效的边界对象可以是二维和三维多段线、圆弧、圆、椭圆、直线、样条曲线、文字和构造线等。如果边界对象是具有一定宽度的多段线,则AutoCAD将忽略多段线的宽度,而将对象延长到多段线的中心线位置。

③利用鼠标拾取需要延伸的部分时,如果按住Shift键,系统自动将延伸命令转换成"修剪"命令。

④若在"选择对象"提示下直接按下空格键或是Enter键,则绘图区中所有的对象可以为互相边界和被延伸对象,此时系统会在选择的对象中自动判断边界。

⑤选择需要延伸的对象时,拾取点的位置决定了延伸的方向,延伸发生在拾取点的一侧。

## 任务四　缩放图形对象

工程图样都是按照一定的比例来绘制和打印输出的,为了方便起见,使用AutoCAD绘图基本上都是按照1:1的比例进行的,但是针对某一个或一组图形对象的比例缩放仍然是不可少的。本任务将介绍如何使用比例缩放命令SCALE将所选图形对象关于某个基点沿 $X$ 轴和 $Y$ 轴方向以相同的比例放大或缩小。

【实训5-7】　指定比例因子缩放对象。

如果已知图形对象的缩放比例,使用比例因子可以快速准确地缩放图形对象,如图5-26所示图形,要将原图放大2倍,可以直接使用比例缩放命令完成。

操作步骤:

①根据图示尺寸关系绘制图5-25a)所示图形对象。

②命令提示行输入比例缩放命令SCALE(命令缩写SC)后按Enter键,AutoCAD 2008提示:

命令:scale　　　　　　　　　　　　　　　　　　　　　←输入命令,按Enter键
选择对象:指定对角点:找到11个　　　　　　　　　　　←选中步骤1绘制全部图形对象
选择对象:　　　　　　　　　　　　　　　　　　　　　←按Enter键确认对象选择完成

指定基点：　　　　　　←配合对象捕捉功能,捕捉到圆心位置,单击鼠标左键,将圆心作为缩放基点
指定比例因子或[复制(C)/参照(R)]<1.0000>:2　　←输入比例因子,按 Enter 键,完成比例缩放

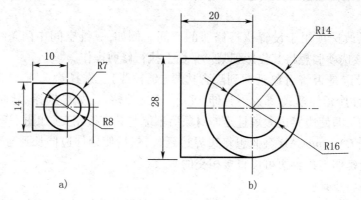

图 5-26　比例缩放图形
a)原图；b)缩放后(比例因子为2)

结果如图 5-25b)所示。

 **知识链接**

1. 比例缩放命令调用方式
◆ 命令行:SCALE
◆ 命令快捷方式:SC
◆ 菜单:【修改】→【比例缩放】
◆ 工具栏按钮:修改工具栏→ 

2. 比例缩放命令功能说明
①比例缩放时指定的基点表示选定对象的大小发生改变时位置保持不变的点。
②使用比例因子缩放图形对象时,输入比例因子必须是非零正数,比例因子大于1,则选中图形对象放大；比例因子小于1,则选中图形对象缩小。
③比例缩放不同于视图缩放命令 ZOOM,前者直接改变了对象的实际尺寸,而后者仅仅是改变了对象在屏幕上的显示大小,对图形对象的实际尺寸并无任何影响。
④如果需要在完成比例缩放后仍然保留原始尺寸的对象,则可以在"指定比例因子或[复制(C)/参照(R)]<1.0000>:"提示下先选择参数"复制(C)",然后再输入比例因子,如图 5-27 所示。

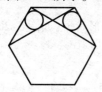  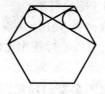 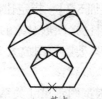

原始尺寸图形对象　比例因子为0.5缩小后图形对象　　原始尺寸图形对象　比例因子为0.5缩小后图形对象
　　　　　　　　a)　　　　　　　　　　　　　　　　　　　　　　b)

图 5-27　缩放命令示例
a)直接缩放对象；b)对象缩放时选择"复制"参数

⑤利用比例缩放命令可以使某些图形的绘制变得简单,例如需要绘制某个结构物或者构造物的局部大样图时,可以先将需要放大的部分复制下来,在利用比例缩放、修剪等工具即可完成局部放大图。

**提示**:如果图形对象进行了标注,对其使用了比例缩放命令后,其标注的尺寸值也将按照比例发生改变。

【实训5-8】 参照方式缩放对象。

某些时候,需要缩放的图形对象比例因子无法得知,或者需要经过复杂的计算,这时,使用指定比例因子方式缩放图形对象就不那么方便了,但如果可以明确图形对象缩放后的参考长度,就可以使用比例缩放命令中的"参照"方式来完成缩放工作。如图5-28所示图形,整个图形只有一个尺寸,直接绘图存在困难,绘图时可以先以任意尺寸绘出图形的形状,再利用参照方式缩放对象,使图形对象满足尺寸要求。

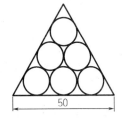

图5-28 参照方式缩放图形对象示例

操作步骤:

①绘制一个圆(直径可任取,为便于绘图,本例取圆半径为10),并配合对象捕捉工具复制两个与之相切的圆,如图5-29a)所示。

②使用"相切、相切、半径"方式绘制另外三个圆,使之形成金字塔堆叠,如图5-29b)所示。

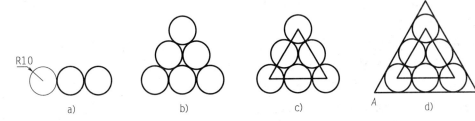

图5-29 参照方式缩放图形对象过程

a)绘制圆并复制;b)形成金字塔堆叠;c)绘制正三角形;d)偏移三角形

③绘制正三角形,在命令提示行输入正多边形命令POLYGON(命令缩写POL)后按Enter键,AutoCAD 2008提示:

命令:polygon                              ←输入命令,按Enter键
输入边的数目 <4> :3                        ←输入多边形边数,按Enter键
指定正多边形的中心点或[边(E)]:E
          ←输入选项参数"P",按Enter键,调用指定边长方式绘制正多边形
指定边的第一个端点:    ←配合对象捕捉功能捕捉到左下角圆心位置,单击鼠标左键确认
指定边的第二个端点:    ←配合对象捕捉功能捕捉到右下角圆心位置,单击鼠标左键确认

结果如图5-29c)所示。

④使用偏移命令OFFSET将步骤③绘制正三角形外侧偏移距离10,得到图5-29d)所示结果。

⑤在命令提示行输入比例缩放命令SCALE(命令缩写SC)后按Enter键,AutoCAD 2008提示:

命令:scale                               ←输入命令,按Enter键
选择对象:指定对角点:找到8个              ←选中前4步绘制的全部图形对象
选择对象:                                ←按Enter键确认对象选择完成
指定基点:         ←配合对象捕捉功能捕捉到大三角形左下角点A作为缩放基点

指定比例因子或[复制(C)/参照(R)] <1.0000>:R
　　　　　　　　　　　　　　　←输入选项参数"R",按 Enter 键,调用参照方式缩放图形对象
指定参照长度<1.0000>:　　←配合对象捕捉功能捕捉到大三角形左下角点 A 作为参照长度第一点
指定第二点:　　　　　　　←配合对象捕捉功能捕捉到大三角形右下角点 B 作为参照长度第二点
指定新的长度或[点(P)]<1.0000>:50　　　←输入新的长度值"50",按 Enter 键,完成缩放

删除多余三角形,结果如图 5-28 所示。

### 知识链接

#### 命令功能说明

(1)参照方式缩放图形对象是由系统自动计算指定的新长度与参照长度的比值作为比例因子缩放所选对象。

(2)按参照长度和指定的新长度缩放所选对象。

(3)在"指定参照长度<1>:"和"指定新的长度或[点(P)]:"提示下直接输入数值,系统将自动计算输入参照长度值和新长度值间的比例关系,并将其作为比例因子完成对图形对象的缩放。

(4)在"指定新的长度或[点(P)]:"输入选项参数"P",可以使用鼠标在绘图区任意指定两点,系统会自动计算两点间的距离,并与"参照长度"进行比较计算以得出参照长度值和新长度值间的比例关系。

AutoCAD 的编辑功能非常强大,除了前面介绍的编辑修改命令外,还有其他一些常用的编辑修改命令和编辑修改图形对象的方法。本项目拓展将介绍倒角命令、合并命令的使用方法以及如何改变对象的属性和对象特性的匹配问题。

【实训 5-9】　使用倒角命令完成直线连接。

所谓倒角就是将两个不平行的对象用一条与两对象都倾斜的直线段来连接。倒角命令 CHAMFER 可将直线类型的两个不平行的对象,如直线、多段线直线、构造线、RECTANG 命令绘制的矩形、POLYGON 命令绘制的多边形等进行倒角,如图 5-30 所示。倒角命令还可以将两个不平行的对象延伸或修剪以使之相交于一点。

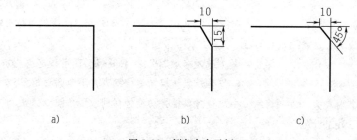

a)　　　　　　　　b)　　　　　　　　c)

图 5-30　倒角命令示例
a)倒角前;b)指定距离方式倒角;c)指定角度方式倒角

### 知识链接

1. 倒角命令调用方式

◆ 命令行:CHAMFER

◆ 命令快捷方式:CHA

◆ 菜单:【修改】→【倒角】

◆ 工具栏按钮:修改工具栏→

**2. 倒角命令选项说明**

①多段线(F):用于在对多段线进行倒角操作时将所有直线段间的顶点进行倒角操作。

②距离(D):用于设定倒角距离,在该方式下,倒角由两对象的交点分别到倒角斜线两个端点的距离(即第一倒角距离和第二倒角距离)决定。

③角度(A):用第一条线的倒角距离和第二条线的角度设置倒角距离。

④修剪(T):用于设定完成倒角操作后是否修剪对象。选择给选项后,AutoCAD 2008 提示:"输入修剪模式选项[修剪(T)/不修剪(N)]〈不修剪〉"。如果选择"修剪(T)"方式进行倒角,则完成操作后,倒角连接多余的部分将被修剪掉。选择"不修剪(N)"方式则会保留原对象状态,但在他们之间加上一条倒角斜线,如图5-31所示。

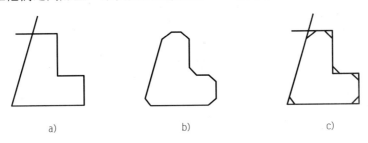

图 5-31 倒角操作时选择修剪与否的区别
a)原图;b)倒角时采用"修剪"方式;c)倒角时采用"不修剪"方式

⑤方式(T):用于控制使用两个距离还是一个距离和一个角度来创建倒角。

⑥多个(M):该选项可以一次创建多个倒角。调用该选项后,系统将重复提示"选择第二个对象",直到用户按 Enter 键结束命令。

⑦按住 Shift 键选择要应用角点的对象:选择第二个倒角对象时按住 Shift 键,系统将以 0 值替代当前的倒角距离。

**3. 倒角命令功能说明**

①倒角命令只能在具有直线属性的图形对象中使用,如直线、射线、构造线、矩形、正多边形等。对多段线的修改只能在直线段之间完成。

②在使用"距离"方式进行倒角设置时,第一倒角距离和第二倒角距离可设置为相同或不同值,输入的倒角距离将成为以后 CHAMFER 命令的默认倒角距离,直至将其改变。

③第一倒角距离在先选择的那条线上,第二倒角距离在后选择的那条线上。

④如果在修剪模式下设定两个倒角距离均为 0,可以通过倒角命令修齐两条非平行直线而不论这两条直线是否相交或是需要延伸后相交,如图 5-32 所示。

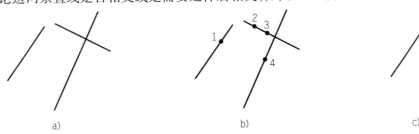

图 5-32 倒角距离均为 0 时倒角效果
a)原图;b)依次拾取各点;c)倒角完成后结果

【实训 5-10】 使用合并命令连接图形对象。

打断命令可以将一个完整的对象截断或将选中对象的两点之间部分去除,合并命令的作用恰恰与之相反。如果需要连接某一连续图形的两个部分,或将某段圆弧闭合为整圆,可以使用合并命令将其合并为一个对象,如图 5-33 所示。

图 5-33 合并对象操作示例

 **知识链接**

1. 合并命令调用方式

◆ 命令行:JOIN

◆ 命令快捷方式:J

◆ 菜单:【修改】→【合并】

◆ 工具栏按钮:修改工具栏→→←

2. 合并命令功能说明

①使用合并命令 JOIN 可以将相似的对象合并为一个对象,也可以使用圆弧和椭圆弧创建完整的圆和椭圆。可以使用合并命令的对象包括:圆弧、椭圆弧、直线、多段线、样条曲线。

②要将相似的对象与之合并的对象称为源对象。要合并的对象必须位于相同的平面上。合并两段或多段圆弧(椭圆弧)时,将从源对象开始沿逆时针方向进行合并操作。

③当源对象是直线时,合并对象只能是直线且必须与之共线,源对象与合并对象之间可以有间隙;源对象是多段线时,合并对象可以是直线、多段线或圆弧。源对象与合并对象之间不能有间隙,并且必须位于同一平面上;源对象是圆弧(椭圆弧)时,合并对象只能是圆弧(椭圆弧),并且圆弧(椭圆弧)对象与源对象必须位于同一假想的圆(椭圆)上,但是它们之间可以有间隙,选择"闭合"选项可将源对象圆弧(椭圆弧)转换成完整圆(椭圆);源对象是样条曲线时,合并对象可以是样条曲线和螺旋,但源对象与合并对象必须相接(端点对端点),合并完成后将形成新的单个样条曲线。

【实训 5-11】 使用对象特性命令改变对象属性。

每个对象创建后都具有各自的特性,如颜色、所在图层、线型、线宽、大小等。这些特性有些是共有的,有的是某些对象专有的,但无论是哪种属性都可以进行编辑修改。例如,在使用虚线绘制图形对象时,由于线型比例不合适,导致虚线各段间距过大或过小,通过改变虚线对象的特性,可以快速调整其线型比例,如图 5-34 所示。

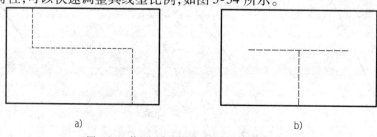

图 5-34 使用对象特性命令修改对象属性示例
a)当前对象线型比例=1;b)当前对象线型比例=2

操作步骤：

①选中图 5-34a)中虚线对象。

②单击"标准"工具栏上的 按钮，打开图 5-35 所示"特性"对话框。

③使用鼠标点击"线型比例"选项，激活线型比例文本框文本框，在其中输入新的线型比例值2(系统默认值为1)，按 Enter 键后，绘图区中的虚线立即更新，显示修改后的结果如图 5-34b)所示。

④点击"特性"对话框右上角 ✖ 按钮关闭"特性"对话框。

### 知识链接

1. 对象特性命令调用方式

◆ 命令行：PROPERTIES

◆ 命令快捷方式：PR

◆ 菜单：【标准】→【特性】

◆ 工具栏按钮：标准工具栏→

◆ 键盘快捷方式：【Ctrl】+【1】

2. 对象特性命令功能说明

①启动命令后，AutoCAD 打开如图 5-35 所示特性工具板。利用它可以方便地设置或修改对象的各种属性。

②根据选择的对象不同，"特性"对话框中显示的对象属性项目也不同，图 5-36a)为不选择任何对象时的特性工具板。选中对象后，工具板中将会列表显示所选中对象的当前属性数据，图 5-36b)为选中圆时所显示的对象特性。此时，只要点击欲修改特性选项就可以通过对话框或下拉菜单或直接键入新的数据等方式对对象的属性进行修改。修改完成，按 Enter 键后直接关闭特性工具板，对象将改变为新的特性。

a)　　　　　　　　　　　　　　　　b)

图 5-35　"特性"对话框　　　　图 5-36　特性工具板

a)未选择对象时的特性对话框；b)选择圆时的特性对话框

【实训 5-12】 使用对象特性匹配修改对象属性。

特性匹配命令 MATCHPROP 是一个非常有用的编辑工具，利用特性匹配功能可以将目标对象的属性与源对象的特性进行匹配,使目标对象的特性与源对象相同。特性匹配功能可以快捷地修改对象特性,并使不同的对象具有相同的特性。如图 5-37 所示,如果需要将圆的特性调整为与虚线 AB 一致,包括线型、所在图层、颜色等,可以在调用特性匹配命令 MATCHPROP 后,根据提示依次选择对象完成调整。

操作步骤:

单击"标准"工具栏上的  按钮,AutoCAD 2008 提示:

命令:_matchprop

选择源对象:　　　　　　　　　　　　　　　　　　　←使用鼠标选中虚线段 AB

当前活动设置:颜色 图层 线型 线型比例 线宽 厚度 打印样式 标注 文字 填充图案 多段线 视口 表格 材质 阴影显示 多重引线

选择目标对象或[设置(S)]:　　　　　　　　　　　　　　　←使用鼠标选中圆

选择目标对象或[设置(S)]:　　　　　　　　　　　←按 Enter 键完成特性匹配操作

结果如图 5-37b)所示。

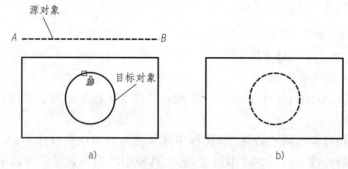

图 5-37　特性匹配

a)选择对象;b)特性匹配结果

## 知识链接

### 1. 命令调用方式

◆ 命令行:MATCHPROP

◆ 命令快捷方式:MA

◆ 菜单:【修改】→【特性匹配】

◆ 工具栏按钮:标准工具栏→

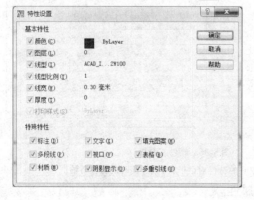

图 5-38　"特性设置"对话框

### 2. 命令功能说明

①AutoCAD 的特性匹配功能类似于 OFFICE 系列软件中提供的"格式刷"功能,它可以复制某一个对象的基本特性,如颜色、图层、线型、线宽等,然后将其应用到另外一个或一组对象当中去,从而达到修改目的。

②需要复制修改的特性项目可以通过在"选择目标对象或[设置(S)]:"提示下,选择参数"S"打开如图 5-38 所示"特性设置"对话框来完成。

# 项目六　图形的输出

 **学习要点**

1. 模型空间。
2. 图纸空间。
3. 创建打印布局。
4. 图纸打印输出。

理解模型空间和图纸空间的概念，并掌握绘图空间切换的方法。掌握创建打印布局的方法，并能够准确地进行图纸打印输出。

使用 AutoCAD 绘制好的工程图样最后基本上都需要通过打印输出设备输出到图纸上，从而方便设计、施工、监理等各相关单位进行审核、施工和监督等工作。因此，图形输出往往是整个绘图工作的最后阶段。

和很多应用软件一样，AutoCAD 系统也提供了功能强大的图形输出功能。图形绘制完成后，可以使用多种方法输出：既可以将图形打印在图纸上，也可以创建成文件以供其他应用程序使用或在网上发布；既可以在模型空间中进行打印输出，也可以利用布局选项卡在图纸空间中输出图形。

## 任务一　认识模型空间与图纸空间

### 一、模型空间

模型空间是用户完成绘图、设计和图形输出的工作空间，如图 6-1 所示。在模型空间中可以绘制平面模型或立体模型，并为图样配有必要的尺寸标注、文字注释等图形对象。并且可以在模型空间中创建多个视口，以展现用户模型的不同视图。在模型空间中通常是按照 1∶1 的比例绘图，并根据需要确定一个绘图单位表示一毫米、一分米、一英寸、一英尺还是表示其他在工作中使用最方便或最常用的单位。

### 二、图纸空间

图纸空间是相对模型空间而言的。图纸空间可以被看作是一张虚拟的图纸，如图 6-2 所示。通过图纸空间可以用一定的比例将模型空间绘制的图形在图纸上的情况表达出来。每个图纸空间对应着一个页面设置。通常可在图纸空间添加标题块和文字注释，并可在图纸空间中设置比例不同的多个视口来观察和打印图形。

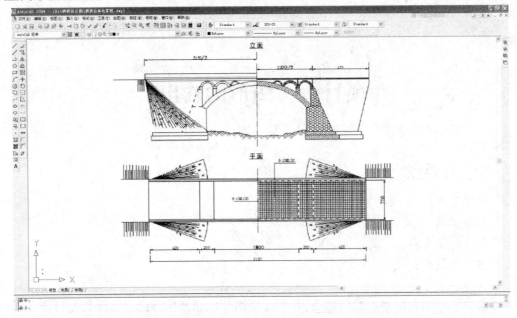

图 6-1 模型空间

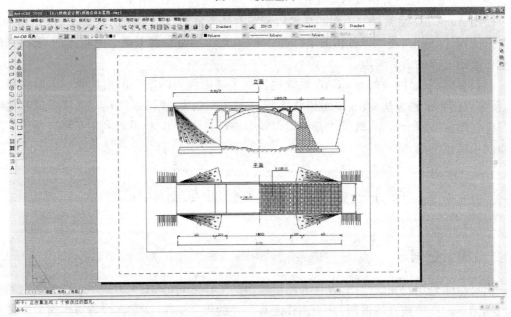

图 6-2 图纸空间

## 三、模型空间和图纸空间的切换

一般情况下可以在模型空间中绘图,在图纸空间中进行打印输出。模型空间与图纸空间之间切换的方法通常有以下几种:

### 1. 单击选项卡控制栏上的标签

图 6-3 模型空间和图纸空间切换标签

在选项卡控制栏上有"模型"标签和"布局"标签。单击"模型"标签进入模型空间,单击"布局"标签进入图纸空间,如图 6-3 所示。

2. 单击状态栏中的"模型/图纸"切换按钮

在状态栏右侧有个"模型/图纸"切换按钮,单击它可以在"模型空间"和"图纸空间"之间进行切换,如图 6-4 所示。

图 6-4 模型空间和图纸空间切换按钮

3. 利用系统变量 TILEMODE 命令

在命令提示行输入 TILEMODE 命令进行赋值后,也可以完成模型空间与图纸空间的切换。当赋值为 1 时,工作空间为模型空间;当 TILEMODE 命令设置为 0 时,工作空间为图纸空间。

## 任务二 在图纸空间中创建打印布局

打印布局是在图形输出之前所进行的一系列设置。包括打印机设置,图纸设置,标题栏设置,视口的类型与位置的设置。通过创建准确的打印布局,可以高效率地打印出符合需要的工程图纸或电子图形文件。

【实训 6-1】 新建布局标签。

默认情况下,新图形最开始有两个布局标签,即"布局 1"和"布局 2"。另外,也可以根据实际绘图需要创建新的布局标签。

1. 命令调用方式

◆ 命令行:LAYOUT

◆ 菜单:插入→布局→新建布局

◆ 快捷菜单:在选项卡控制栏的标签上单击鼠标右键,打开快捷菜单→新建布局

◆ 按钮: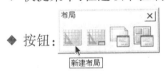

2. 命令选项功能:

①复制(C):复制布局。

②删除(D):删除布局。

③新建(N):新建布局。

④样板(T):使用 DWT 样板文件中的布局。

⑤重命名(R):给已有布局重新命名。

⑥另存为(SA):将创建或修改的布局存为 DWT 样板文件。

⑦设置(S):设置为当前布局。

⑧?:查询当前图形内的所有布局。

3. 操作命令

命令:LAYOUT

输入布局选项[复制(C)/删除(D)/新建(N)/样板(T)/重命名(R)/另存为(SA)/设置(S)/?]<设置>:

←输入布局操作的参数

4. 命令选项说明

（1）复制方式可以用复制已有的布局的方式来创建新布局。复制时需要分别键入源布局和新建布局的名称，在默认状态下，新布局名称为源布局名称后加注括号，括号内为一个递增的索引数字。

（2）选中删除选项后，需要在命令提示行输入要删除布局的名称，然后才能删除该布局。但删除所有的布局后，系统会自动生成一个名为"布局1"的布局，以保证图纸空间的存在。

（3）样板选项可以从样板文件（.DWT）、图形文件（.DWG）或 DXF 文件（.DFX）中的布局中提取布局信息来创建新布局。新布局中将包含源布局内的所有图形对象和浮动窗口，但不包括浮动窗口内的图形对象。调用样板选项后，会弹出"从文件选择样板"对话框，如图6-5所示。通过在对话框中选择相应文件即可完成新布局的创建。

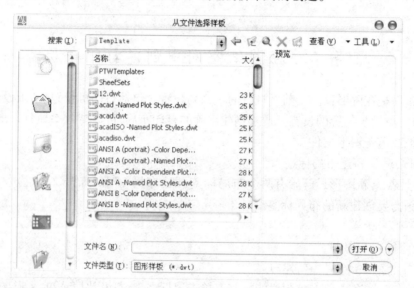

图6-5 "从文件选择样板"对话框

【实训6-2】 使用"创建布局向导"创建打印布局。

除了用 LAYOUT 命令新建布局外，还可以使用"创建布局向导"对图纸页面布局样式进行创建和详细设置。"创建布局向导"可以指导用户一步一步地完成新布局的创建。

1. 命令调用方式

◆ 命令行：LAYOUTWIZARD

◆ 菜单：插入→布局→创建布局向导

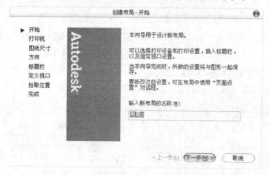

图6-6 "创建布局-开始"对话框

2. 操作命令

命令：LAYOUT

命令提示行输入命令并按 Enter 键后，在绘图区将弹出如图6-6所示"创建布局—开始"对话框。对新布局的设置将在此对话框中根据系统提示逐步完成。

3. 命令选项说明

调用 LAYOUTWIZARD 命令后，系统显示图6-6所示"创建布局—开始"对话框，该对话

框左侧显示了向导的运行步骤顺序和当前正在进行的步骤,设置一个新的布局具体步骤如下:

(1)在"创建布局—开始"对话框中输入新布局的名称。若不输入名称,系统会使用默认名称"布局 X"(其中 X 为系统依次编排的默认布局编号)。然后单击"下一步"按钮,打开如图 6-7 所示"创建布局—打印机"对话框。

(2)在"创建布局—打印机"对话框右侧的选择窗口中,选择该布局要使用的打印机或绘图仪,然后单击"下一步"按钮,打开如图 6-8 所示"创建布局—图纸尺寸"对话框。

图 6-7 "创建布局—打印机"对话框　　　　图 6-8 "创建布局—图纸尺寸"对话框

(3)在"创建布局—图纸尺寸"对话框中指定纸张的大小和单位。有效的纸张大小和单位是由上一步选择的打印机或绘图仪所决定。在确定了纸张的大小和单位后,单击"下一步"按钮,打开如图 6-9 所示"创建布局—方向"对话框。

(4)在"创建布局—方向"对话框中设置纸张打印方向后,单击"下一步"按钮,打开如图 6-10 所示"创建布局—标题栏"对话框。

图 6-9 "创建布局—方向"对话框　　　　图 6-10 "创建布局—标题栏"对话框

(5)在"创建布局—标题栏"对话框的选择窗口中,可以选择图纸的边框和标题栏设置方式。所选择的边框和标题栏实际上是保存在 AutoCAD 安装的"Template"目录下的.DWT 文件。选择后,可以在预览窗口中查看相应的边框和标题栏图形。在"类型"单选框中可以选择.DWT 文件的插入形式是按照块插入还是按照外部参照插入。设置完成后,单击"下一步"按钮,打开如图 6-11 所示"创建布局—定义视口"对话框。

(6)在"创建布局—定义视口"对话框中,可以设置布局中的浮动视口形式以及视口比例等相关参数,设置完成后,单击"下一步"按钮,打开如图6-12所示"创建布局—拾取位置"对话框。

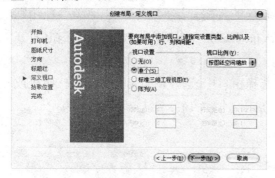
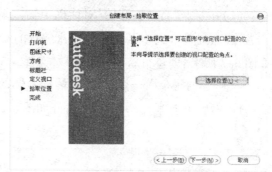

图6-11 "创建布局—定义视口"对话框　　　图6-12 "创建布局—拾取位置"对话框

(7)在"创建布局—拾取位置"对话框中可以通过单击"选择位置"按钮回到绘图区设置浮动视口的位置和大小。如果不进行指定,则系统会默认视口是充满整个图纸的。设置完成后,单击"下一步"按钮,打开如图6-13所示"创建布局—完成"对话框。

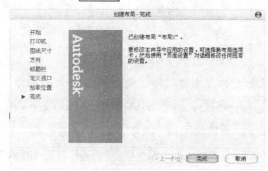

(8)在"创建布局—完成"对话框中单击"完成"按钮,至此,一个新的布局创建完成。在每一个步骤中,都可以单击"上一步"按钮返回前一步的对话框,以便重新设置相关参数。

【实训6-3】 创建和修改图纸空间视口。

在 AutoCAD 2008 中,图纸空间的视口是用来观察图形对象的。只有在图纸空间内设置视口才能看见模型空间的对象。图纸空间内可以设置多个视口,从而为用户从多个角度

图6-13 "创建布局—完成"对话框

表达立体图形。创建视口后还可以更改视口的大小、比例和位置。图纸空间的视口通常叫做浮动视口。在激活的浮动视口中,用户可以像在模型空间中一样绘制和编辑图形对象,编辑完成的结果会在其他视口以及模型空间体现出来。

1. 命令调用方式

　◆ 命令:VPOTRS

　◆ 菜单:视图→视口→新建视口

　◆ 按钮1:

　◆ 按钮2: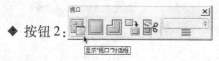

2. 操作命令

命令:VPOTRS

调用命令后,在绘图区会弹出如图6-14所示"视口"对话框。

3. 命令选项说明

①在"标准视口"下可以选择视口的数量和视口的排列方式,被选中的视口形式可以在右侧"预览"窗口中显示其排列状况,如图6-14所示。

②在"视口间距"窗口中可以选择或自行输入视口间的距离。

③"设置"选项可以选择二维或三维视口。若选择三维视口,可以在预览窗口中选中某一个视口,然后在"修改视图"选项中选择观察图形的角度,如主视图、俯视图及轴测图等,如图 6-15 所示。

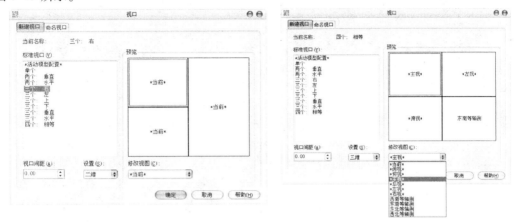

图 6-14 "视口"对话框　　　　　图 6-15 在"三维"视口下设置图形观察角度

【**实训 6-4**】　图 6-16 为按实际尺寸创建的某桥墩盖梁实体,现通过新建视口,在图纸空间同时观察其三视图和轴测图。

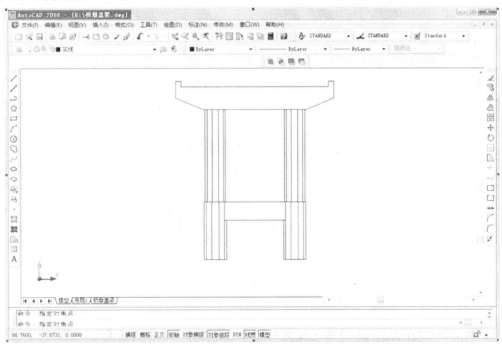

图 6-16 模型空间中的桥墩盖梁实体图

操作步骤:

(1)使用创建布局向导命令 LAYOUYTWIZARD 创建一个名为"桥墩盖梁"的布局,并在"创建布局—定义视口"对话框中先将视口设置为"无"。

(2)在"桥墩盖梁"布局下输入命令 VPOTRS,在弹出的"视口"对话框中完成如图 6-15 所示的设置并按"确定"按钮退出。

(3)在"指定一个角点或[布满(F)]＜布满＞:"提示下按 Enter 键,使浮动视口布满全部图纸空间。此时,绘图区将出现如图 6-17 所示反映图形三视图和轴测图的浮动视口。

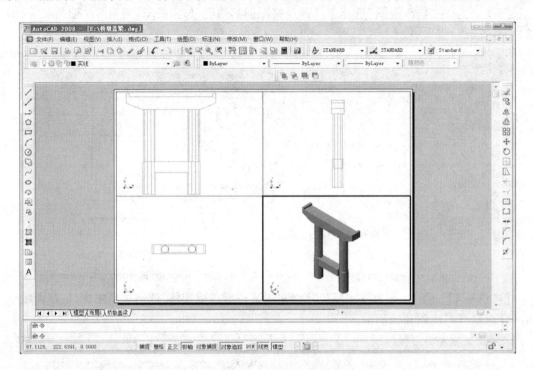

图 6-17　布局空间中的桥墩盖梁图形

完成后可以将右下角的"东南等轴测"视口激活,并通过视图菜单中的"着色"工具完成体着色,使视图具有更强的表现力。

## 任务三　图形的打印输出

【实训 6-5】　页面设置。

页面设置的内容包括打印设备、图纸尺寸、打印区域、打印比例、打印样式等参数。通过设置各个参数,可以创建详细的图纸输出页面,并进行打印预览,为打印图纸或输出电子文件做好准备。

1. 命令调用方式

◆ 命令:PAGESETUP

◆ 菜单:文件→页面设置管理器

◆ 快捷菜单:在布局标签上单击鼠标右键弹出的快捷菜单→页面设置管理器

2. 操作命令

命令:PAGESETUP

在命令提示行输入命令,并按 Enter 键后,将打开如图 6-18 所示"页面设置管理器"对话框。

3. 命令选项说明

①"新建"按钮,可以建立新的页面设置。点击按钮后,首先打开如图 6-19 所示"新建

页面设置"对话框,在对话框中可以对新建的页面设置进行命名。点击"确定"按钮后,打开"页面设置"对话框,如图 6-20 所示,所有的页面设置工作均通过此对话框完成。

图 6-18 "页面设置管理器"对话框　　　　　　图 6-19 "新建页面设置"对话框

②"修改"按钮,可以对已存在的页面设置进行修。选中需要修改的页面设置,点击"修改"按钮后进入图 6-20 所示"页面设置"对话框,调整需要修改的参数,完成设置的修改。

③"输入"按钮,可以将其他图形文件的页面设置输入到当前设置中。

④"页面设置"对话框中各项参数的设置与"打印"对话框相同,将在"打印输出"部分具体介绍。

图 6-20 "页面设置—模型"对话框

【实训 6-6】 打印输出。

打印输出往往是整个绘图工作的最后一步,AutoCAD 的打印命令除了能直接将已经设置好的页面直接打印输出之外,还可以通过对话框设置完成对未事先设置页面的图形对象的打印。

159

1. 命令调用方式
◆ 命令行：PLOT
◆ 键盘快捷方式：【Ctrl】+ P
◆ 菜单：文件→打印
◆ 按钮：

2. 操作命令
命令：PLOT
在命令提示行输入命令，并按 Enter 键后，将打开如图 6-21 所示"打印"对话框。

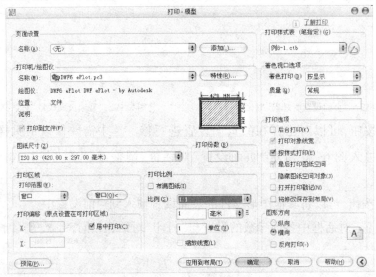

图 6-21 "打印"对话框

3. 命令选项说明
①"页面设置"选项可以调用已经设置好的页面，调用后，对话框中的相关参数会自动调整为选中的页面设置的方式，此时，直接点击"确定"按钮就可以完成打印工作。

②"打印机/绘图仪"选项用以选择和确认打印图纸或输出电子文件时的打印设备。单击"名称"下拉列表中可以选择其中的绘图仪或打印机。打印设备通常有以下几种：

Default Windows system printer. pc3：系统默认打印设备。
DWF6 eplot. Pc3：该型绘图仪使绘制的图形以扩展名 DWF 保存在计算机上。
PublishToWeb JPG. pc3：使输出的图形以 JPG 文件保存在计算机上。
PublishToWeb PNG. pc3：使输出的图形以 PNG 文件保存在计算机上。
自行安装的打印设备：如 HP DesignJet 500 42 by HP。
系统安装的具有输出功能的软件：如 Microsoft Office Document Image Writer 等，用以将图形文件输出到软件。

③"图纸尺寸"选项用于选择打印需要的图纸尺寸。可以在下拉列表中选取的图纸尺寸与选择的打印设备有关，如选择的是 A3 幅面的打印机，则可以选择的最大图纸尺寸为 420mm×297mm，若选择的是 A4 幅面打印机，则可以选择的最大图纸尺寸只能是 297mm×210mm。

④"打印范围"选项用于指定需要打印的图形区域。在"打印范围"下拉列表中可以选择要打印的图形区域。

窗口:通过建立选择"窗口"确定打印区域。选择"窗口"选项后可以返回绘图区,这时可以用鼠标指定要打印区域的两个角点,或用键盘输入坐标值确定角点位置。

布局/图形界限:打印布局时,将打印指定图纸尺寸的可打印区域内的所有内容,其原点从布局中的(0,0)点计算得出。从"模型"选项卡打印时,将打印由图形界限命令 LIMITS 所定义的整个图形区域。

范围:打印包含图形对象的所有空间。当前空间内的所有几何图形都将被打印。打印之前,可能会重新生成图形以重新计算范围。该选项只有在打印布局时才能被选中。

显示:打印"模型"选项卡当前视口中的视图或"布局"选项卡上当前图纸空间视图中的视图。

⑤"打印偏移"通过在"X"和"Y"打印偏移框中输入正值或负值,可以偏移图纸上的图形。该选项主要用于控制打印时的页边距。

⑥"打印比例"选项用以设置图形单位与打印单位之间的数量关系。打印比例是打印输出的一个最关键的参数,它决定了图形打印到图纸上的比例和大小。

布满图纸:按照能够布满图纸的最大可能尺寸打印视图。选择此选项后,系统将自动计算图形尺寸与图纸大小之间的比例关系,并将图形的高度或宽度调整到与图纸相应的高度或宽度。需要指出的是,这种情况下打印出来的图纸比例往往不符合规范要求,不能直接用于指导施工,只能用于图纸内容的检查、交流或送审等对于比例要求并不严格的情况。

比例:该选项可以通过选择或自定义方式确定绘图单位与打印单位的比例关系。如果采用规范推荐比例,可以直接在下拉菜单中选择,如果需要自定义比例,可以通过在下拉列表下方的窗口中直接输入绘图单位与打印单位的换算关系即可。

⑦"打印样式表"选项允许根据图形对象的颜色来指定绘图特性,或改变当前图形各线条显示特性与对应的打印颜色、深浅、线型、线宽等参数,如图 6-22 所示。这些方法对于打印输出复杂图样有很大的帮助。

打印样式可以直接在下拉列表中直接选择(默认选择为"acad.ctb")后编辑修改,也可以自行新建样式。

⑧所有设置完成后,应先使用"预览"按钮对图形输 图 6-22 "打印样式表编辑器"对话框
出到图纸上的真实效果进行观察,如果打印输出效果不理想,可以返回到对话框中重新对打印参数进行调整,满意后,再点击"确定"按钮完成打印输出。

【实训 6-7】 将图 6-23 所示图形用 A3 图幅输出。

操作步骤:

(1)调用 PLOT 命令,打开图 6-21 所示"打印"对话框。

(2)在"打印机/绘图仪"的下拉列表中选择系统默认打印机"DWF6 ePlot.pc3"。

(3)在"图纸尺寸"下拉列表中选择"ISO A3 (420.00×297.00 毫米)"。

(4)在"打印范围"项选择"窗口",并在屏幕上选择要打印的图形对象范围。本实训图

中绘制时已经按比例绘制了 A3 图框和标题栏图框,因此选择时可以直接将打印窗口选择为 A3 幅面图框。

(5)在"打印偏移"处选择"居中打印"。本实训图中已经在绘图图框外按绘图比例留出了打印页边距,因此直接将所选择的打印范围居中即可。

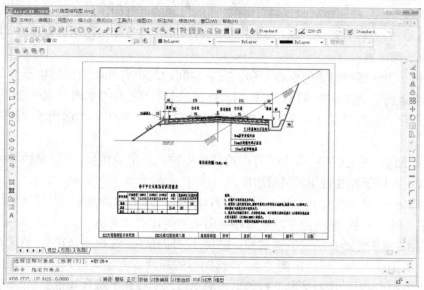

图 6-23　打印设置实例

(6)在"打印比例"选择项中设置"1 毫米 =1 单位"或在下拉列表中选择"1∶1"。

(7)在"打印样式表"下拉列表中选择"新建",新建一个名为"实训 6-7"的打印样式表,并在弹出的"打印样式表编辑器"中将所有图形对象颜色的打印特性均设置为黑色(图 6-22)。

(8)将"图形方向"设置为"横向"。

(9)设置完成后(图 6-21),点击"预览"按钮观察打印输出的效果,如图 6-24 所示。满意后,点击"确定"按钮,完成打印输出。

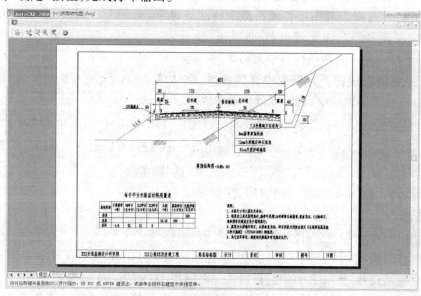

图 6-24　打印预览

# 项目七　道路工程专业图的绘制

 **学习要点**

1. 道路工程常用的各种图形的绘制。
2. 应用 AutoCAD 绘图平台解决实际工程绘图问题。
3. 用 AutoCAD 命令绘制道路工程平面图、纵断面图、路面结构图和平面交叉图。

道路工程图主要包括路线工程图，路基路面和排水防护工程图，道路沿线设施及环境保护工程图等，在绘图过程中，需要综合使用前面所学的 AutoCAD 知识。由于道路工程图是由一系列工程图样所构成的综合图示系统，因此，一个工程项目的所有图样应该具有统一的风格和样式。

在绘制前，首先需要对道路工程图形进行总体布局，主要包括：图纸大小、图层样式、比例尺、图线粗细、文字样式和尺寸标注样式等。为了减少重复劳动，在设置完成后，可以将其保存为一个图形样板，以便今后重复调用。

## 任务一　绘制工程图的基础工作

【实训 7-1】　新建文件和设置绘图环境。

AutoCAD 工程图的绘制过程中很多绘图的设定都是相似的，如果每次开始画一张新图都去设置图纸大小、尺寸单位、边框等，会非常繁琐。如果使用模板把设置好的绘图环境保存为模板文件，在绘制新图的时候将设置好的模板文件导入，可以省去重复设置绘图环境的麻烦，并且使图纸标准化。操作步骤如下：

1. 设置图层

在命令提示行输入图层命令 LAYER 并按 Enter 键，在弹出的"图层特性管理器"对话框中，单击"新建"按钮，建立一个新图层，新建图层的名字、线型、线宽、颜色等可根据情况设置成需要的样式。一般需要建立的图层有"尺寸标注"、"辅助线"、"细实线"、"粗实线"、"中线"、"虚线"、"文字"等。

2. 设置绘图单位

选择"格式"下拉菜单中的"单位"选项，在弹出的"图形单位"对话框中对绘图单位进行设置。

3. 设置栅格和捕捉

在状态栏的"栅格"或"捕捉"按钮上单击鼠标右键并在弹出的快捷菜单中选择"设置"

菜单项,弹出"草图设置"对话框,在其中设置"捕捉和栅格"与"对象捕捉"。

4. 图形界限

选择"格式"菜单中的"图形界限"选项或在命令行输入 LIMITS 并按 Enter 键,按命令提示操作完成绘图界限的设置。

5. 尺寸标注与文字标注

分别选择"格式"下拉菜单中的"文字样式"和"标注样式",在弹出的"文字样式"和"标注样式管理器"对话框中,根据需要对文字及标注的样式进行设置。

6. 图框的绘制

根据《道路工程制图标准》(GB 50162—92)规定,道路工程图纸一般采用 A3(420mm×297mm)图幅绘制,考虑到用图纸布局出图,只需预先建立标准图框图块,然后在图纸布局中插入该标准图框图块即可。

按照《道路工程制图标准》(GB 50162—92)规定绘制的道路工程图样图框和标题栏如图 7-1 所示。需要注意的是,虽然在《道路工程制图标准》(GB 50162—92)中规定了标题栏的尺寸与内容,但并非是强制性的,具体绘制时,只要不影响使用,均可以自行更改和调整。

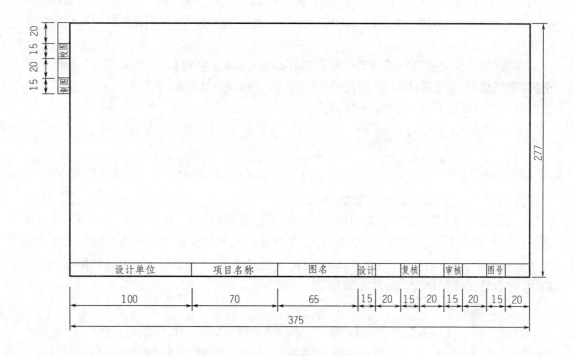

图 7-1 道路工程制图图框与标题栏

7. 模板文件的保存

完成以上设置后,可以将其保存为模板,方便今后调用,其操作过程如下:

(1)单击"文件"下拉菜单中的"另存为"选项或在命令提示行中输入 SAVEAS 并按 Enter 键,弹出如图 7-2 所示"图形另存为"对话框。

(2)在"文件类型"下拉列表框中选择"AutoCAD 图形样板(x.dwt)"项,如图 7-3 所示。

(3)在"文件名"下拉列表框中输入图形模板名称,如"××工程 A3 图样板"。

(4)单击保存按钮,弹出"样板说明"对话框,如图7-4所示,在此处可以加上必要的说明,方便以后的查找和调用。

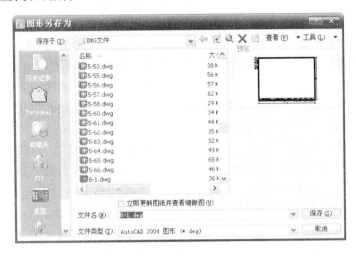

图7-2 "图形另存为"对话框

图7-3 选择模板文件类型

图7-4 "样板说明"对话框

 **知识链接**

### 绘图比例设置

在道路工程制图中,不同的比例尺对应不同的图形类型,一般情况下,地形图的比例尺根据实际情况,多采用1:5000和1:2000;路线平面图的比例尺采用1:2000;纵断面的比例尺水平方向1:2000,竖直方向1:200;横断面比例尺为1:200;特殊工点地形图可根据实际情况进行选择,如1:500、1:1000等。

在绘制道路工程的CAD图形时,比例尺的选择可根据实际需要按照规范进行设置,最常用的是按1:1的比例进行绘图,但出图比例要根据选用图幅大小和图形尺寸来确定。如路基宽度为7.5m,若以cm为单位绘制时,其实际绘图长度为7.5×100=750个绘图单位,若选用A3图纸出图,则其出图比例为750/375=2。考虑出图比例时的字高可按下面公式估算:

$$图中字高 = 实际图纸中要求的字高 × 出图比例$$

如要求实际图纸中的字高为2.5,出图比例为1:40,则定义字高为2.5×40=100,所有文字标注和尺寸标注均可参照该字高。

绘图时也可以按1:1的比例进行绘制,完成后,在标注之前按一定比例进行缩放,或在规定的绘图空间中按比例尺直接绘制,然后进行标注等工作。

## 任务二　道路路线工程图的绘制

一般常见的路线图包括上述的路线平面图、纵断面图和横断面图,但是路线的纵断面图和横断面图由于绘图量大、重复性工作也较多,在 AutoCAD 图形界面中手工操作绘制效率较低,一般采用高级语言驱动 AutoCAD 绘制比较快捷,但有时也需要使用 AutoCAD 直接绘制。现将路线平面图(含地形图)和路线纵断面的 AutoCAD 图形界面绘制方法分别进行介绍。

【实训7-2】　路线平面图的绘制。

路线平面图是绘有道路中心线的地形图,其作用是表达路线的方位、平面线型、沿路线两侧一定范围内的地形、地物情况和结构物的平面位置。图 7-5 为某公路的路线平面图。

道路的平面线型要素是由直线和曲线构成,其曲线的形式一般可分为圆曲线、单曲线、复曲线、虚交点曲线、回头曲线、缓和曲线、回旋线等,统称为平曲线。平曲线最主要的是圆曲线和缓和曲线。在道路路线设计中,一般沿路线进行里程桩号的标注,以表达该里程桩至路线起点的水平距离。下面就平面线位图绘制作简单介绍。

1. 圆曲线的绘制

绘制平曲线中的圆曲线,如已知各曲线要素,则有许多的绘制方法,但是最为快捷的方法是"相切、相切、半径"绘图法。其具体绘法是根据路线导线的交点坐标绘制路线导线,然后根据各交点的圆曲线半径做出与两条导线相切的圆,使用修剪命令剪切圆曲线,从而得到圆曲线和路线设计线。

如图 7-6 所示,已知路线导线有两个交点,加上起终点总共有四个顶点,数据如下:

$JD_0: X = 83.0611, Y = 212.8320$

$JD_1: X = 217.7713, Y = 146.8535, \alpha = 55°, JD_0 \sim JD_1 = 150$

$JD_2: X = 392.5840, Y = 244.0159, \alpha = 51°, JD_1 \sim JD_2 = 200$

$JD_3: X = 522.1830, Y = 191.0622, JD_2 \sim JD_3 = 140$

绘制圆曲线。

使用多段线命令 PLINE 连续绘制 $JD_0 \sim JD_3$,如图 7-7 所示。通过设计已经得知 $JD_1$、$JD_2$ 处的圆曲线的半径为 $R_1 = 100, R_2 = 80$,则圆曲线部分绘制如下:

操作步骤:

(1)绘制半径为 100 的圆分别与 $JD_0 \sim JD_1$ 线段和 $JD_1 \sim JD_2$ 线段相切。

命令:CIRCLE

指定圆的圆心或[三点(3P)/两点(2P)/相切、相切、半径(T)]:T

指定对象与圆的第一个切点:　　　　　　　　　　　←鼠标左键点取 $JD_0 \sim JD_1$ 线段

指定对象与圆的第二个切点:　　　　　　　　　　　←鼠标左键点取 $JD_1 \sim JD_2$ 线段

指定圆的半径:100　　　　　　　　　　　　　　　　←输入两相切线之间圆半径

(2)绘制半径为 80 的圆分别与 $JD_1 \sim JD_2$ 线段和 $JD_2 \sim JD_3$ 线段相切。

命令:CIRCLE

指定圆的圆心或[三点(3P)/两点(2P)/相切、相切、半径(T)]:T

指定对象与圆的第一个切点:　　　　　　　　　　　←鼠标左键点取 $JD_1 \sim JD_2$ 线段

指定对象与圆的第二个切点:　　　　　　　　　　　←鼠标左键点取 $JD_2 \sim JD_3$ 线段

指定圆的半径<100.0000>:80　　　　　　　　　　　←输入两相切线之间圆半径

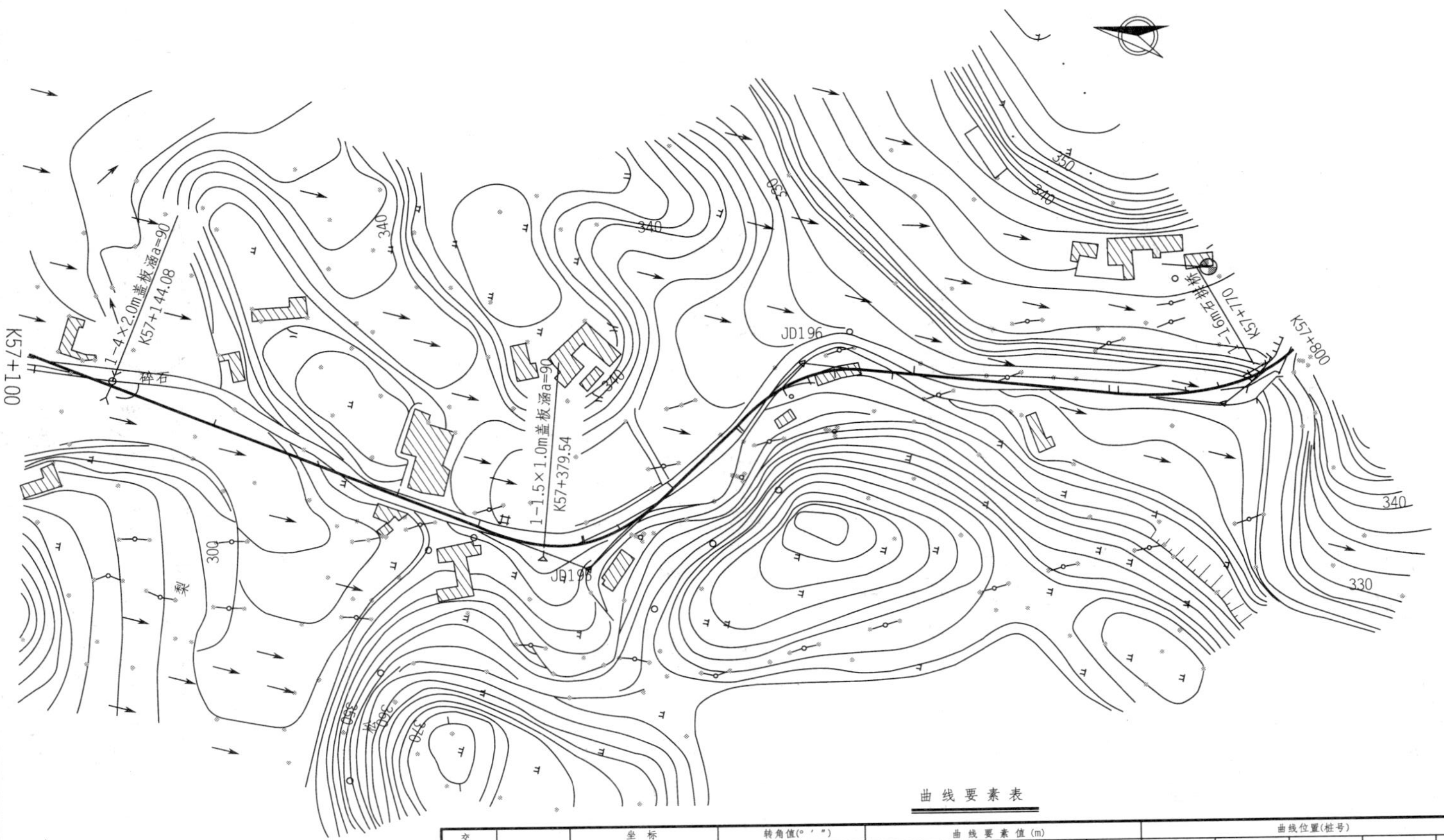

曲线要素表

| 交点编号 | 交点桩号 | 坐标 N | 坐标 E | 转角值(°′″) 左 | 转角值(°′″) 右 | 半径 | 缓和曲线长度 | 切线长度 | 曲线长度 | 外距 |
|---|---|---|---|---|---|---|---|---|---|---|
| JD194 | K57+088.37 | 42424.040 | 43070.864 | | 56°56′15″ | 80.00 | 40.00 | 63.79 | 119.50 | 11.95 |
| JD195 | K57+404.91 | 42103.874 | 43017.286 | 66°14′27″ | | 65.00 | 35.00 | 60.37 | 110.15 | 13.54 |
| JD196 | K57+547.58 | 42019.818 | 43145.447 | | 50°26′51″ | 66.00 | 30.00 | 46.33 | 88.11 | 7.58 |
| JD197 | K57+758.7 | 41805.446 | 43169.088 | 44°6′39″ | | 90.00 | 35.00 | 54.17 | 104.29 | 7.72 |
| JD198 | K57+993.89 | 41652.956 | 43353.443 | | 20°32′3″ | 210.00 | 40.00 | 58.09 | 115.26 | 3.74 |

| 曲线位置(桩号) | | | | | |
|---|---|---|---|---|---|
| 第一缓和曲线起点 | 圆曲线起点 | 圆曲线中点 | 圆曲线终点 | 第二缓和曲线终点 |
| K57+024.58 | K57+064.58 | K57+084.33 | K57+104.08 | K57+144.08 |
| K57+344.54 | K57+379.54 | K57+399.61 | K57+419.68 | K57+454.68 |
| K57+501.24 | K57+531.24 | K57+545.3 | K57+559.36 | K57+589.36 |
| K57+704.52 | K57+739.52 | K57+756.67 | K57+773.81 | K57+808.81 |
| K57+935.8 | K57+975.8 | K57+993.43 | K58+011.06 | K58+051.06 |

图 7-5 路线平面图

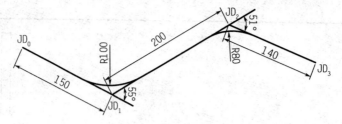

图 7-6 圆曲线绘制实例

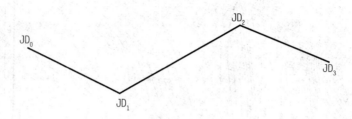

图 7-7 使用多段线绘制路线导线

(3)使用修剪命令,修剪 1、2 步绘制的相切圆,保留部分如图 7-8 所示。
命令:TRIM
当前设置:投影 = UCS,边 = 无
选择剪切边...
选择对象:
选择要修剪的对象,或按住 Shift 键选择要延伸的对象,或[投影(P)/边(E)/放弃(U)]:
←鼠标左键点取第一个圆的下部圆周
选择要修剪的对象,或按住 Shift 键选择要延伸的对象,或[投影(P)/边(E)/放弃(U)]:
←鼠标左键点取第二个圆的下部圆周
选择要修剪的对象,或按住 Shift 键选择要延伸的对象,或[投影(P)/边(E)/放弃(U)]:
←按 Enter 键结束

图 7-8 用作圆法绘制导线间的圆曲线

2. 缓和曲线的绘制

已知如图 7-9 所示的道路平曲线,偏角为左偏 $\alpha_{左} = 30°15'28''$,缓和曲线长 $L_S = 35$,切线长 $T = 58.185$,外距 $E = 5.75$,圆曲线半径 $R = 150$,平曲线总长 $L = 114.302$,中间圆曲线长 $L_Y = (L - 2L_S) = 44.302$。试绘制该曲线。

由于 AutoCAD 不能直接绘制缓和曲线,可以使用以下几种方法进行绘制:在 AutoCAD 中可以使用多段线 PLINE 命令绘制通过 ZH、HY、QZ、YH、HZ 五点的折线,再使用编辑多段线命令 PEDIT 选择样条曲线(S)选项,进行绘制曲线;也可以使用样条曲线 SPLINE 命令绘制。一般情况下,AutoCAD 中的样条曲线最接近公路平曲线的形状。上述两种绘制方法在常用比例尺的情况下,肉眼分不出有差别,因此绘制 ZH、HY、QZ、YH、HZ 五点与路线导线分别相切于 ZH、HZ 点的真样条曲线即为所求的曲线。

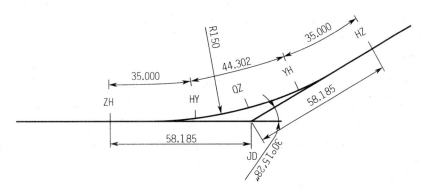

图 7-9　缓和曲线绘制实例

操作步骤:

(1)绘制路线导线,利用多段线命令 PLINE 绘制 1、2、3 点,各点数据如下:

1: $X = 43771.7949, Y = 43250.6576$

2: $X = 43869.1368, Y = 43250.6008$

3: $X = 43935.6313, Y = 43289.3913$

绘制完毕得到如图 7-10 所示图形。

(2)绘制通过 ZH、HY、QZ、YH、HZ 五点,与路线导线分别相切的缓和曲线的平曲线。通过计算,五个主点的直角坐标如下:

ZH: $X = 43810.9514, Y = 43250.6347$

HY: $X = 43845.9047, Y = 43251.9742$

QZ: $X = 43867.6377, Y = 43256.1521$

YH: $X = 43888.5195, Y = 43263.4822$

HZ: $X = 43919.3953, Y = 43279.9199$

利用样条曲线命令 SPLINE 绘制含缓和曲线的平曲线如图 7-11 所示。

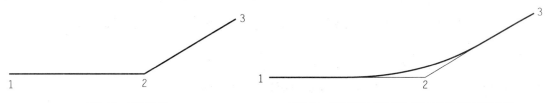

图 7-10　路线导线　　　　图 7-11　绘制通过 ZH、HY、QZ、HY 和 HZ 的平曲线

命令:SPLINE

指定第一个点或[对象(O)]:43810.9514,43250.6347

指定下一点:43845.9047,43251.9742

指定下一点或[闭合(C)/拟合公差(F)]<起点切向>:43867.6377,43256.1521

指定下一点或[闭合(C)/拟合公差(F)]<起点切向>:43888.5195,43263.4822

指定下一点或[闭合(C)/拟合公差(F)]<起点切向>:43919.3953,43279.9199

指定下一点或[闭合(C)/拟合公差(F)]<起点切向>:　　　　　　　←选择输入切点的模式

169

指定起点切向:43810.9514,43250.6347　　　　　　　　　　　　←输入起点切点
指定端点切向:43919.3953,43279.9199　　　　　　　　　　　　←输入终点切点

(3)绘制五个特征点位置线并标注各点文字,采用 MTEXT、TEXT 命令输入文字;考虑格式的统一,可以用 COPY 命令,将所有需要输入相同格式文字的表格粘贴上相同的文字,然后再统一修改,这样可以保证每个输入的文字具有相同的格式。

**【实训 7-3】** 地形图的绘制。

利用 DTM(数字化地理模型)绘制的地形图可以在 AutoCAD 中进行编辑和修改。手工勾绘的地形图通过扫描仪扫描成图像后,能够在 AutoCAD 中作为背景图,但不能直接修改,扫描图像如果需要修改后再输出,则必须借助矢量化工具,将其转换为可以使用 AutoCAD 编辑的图形文件,然后再利用 AutoCAD 编辑修改地形图。

地形图的绘制也可以通过在 AutoCAD 插入光栅图像后,直接使用 LINE 命令或 SPLINE 命令进行描绘。

**【实训 7-4】** 路线纵断面的绘制。

沿着道路中线竖直剖切后展开即为路线纵断面,其作用是表达路线的纵面线型、地面起伏、地质和沿线构造物的概况等。纵断面图包括高程标尺、地面线、设计线和测设数据表等。纵断面的地面线是由一系列折线构成,设计线是由直线和竖曲线组成的。典型路线纵断面如图 7-12 所示。

1. 路线纵断面图的绘制步骤

(1)绘制图框、标题栏或直接调用已经创建好的图形样板。
(2)填写纵断面图标题栏。
(3)绘制标尺和纵断面图坐标网格。
(4)绘制纵断面图地面线。
(5)绘制纵断面图设计线。
(6)绘制竖曲线及其标注。
(7)标注水准点、桥涵构造物等。
(8)填写纵断面图测设数据表。

2. 绘图注意事项

绘制路线纵断面时应注意以下问题:

(1)路线纵断面图的比例尺在路线里程方向和高程方向是不相同的。一般情况下,路线里程方向上的比例为高程方向上比例的 1/10,通常采用路线里程方向比例 1:2000,高程方向比例 1:200。

(2)填写纵断面图测设数据表的内容时,可以先填写一行内容,再采用阵列或复制命令将该行内容复制到其他行,然后再使用 DDEDIT 命令修改内容,这样不但文字格式统一,而且便于对齐控制。

(3)标尺采用多段线绘制,宽度为 1 个单位。绘制时先绘制前两节,使用填充命令进行隔段填充,然后用阵列或复制的方法制作其他部分。

(4)竖曲线绘制采用三点绘弧的方法绘制,三点依次是竖曲线起点、变坡点位置设计高程处、竖曲线终点。

(5)标注水准点、桥涵构造物等时要注意其位置与桩号的对应,标注圆管涵、盖板涵、箱涵时,最好先绘制好标注符号并定义为块,利用图块插入命令绘制,以提高绘图速度。

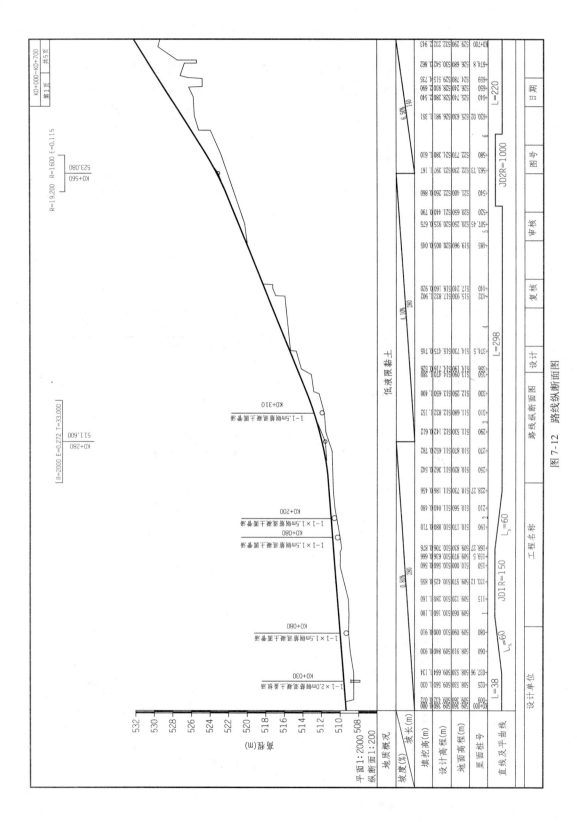

图 7-12 路线纵断面图

## 任务三　路基、路面及排水防护工程图

在路线工程图中,利用路线的平面图、纵断面图可以将道路的线型、道路与地形地物的关系以及道路的总体布置等表达清楚,但道路工程的土石方工程量、路面结构情况、填挖关系以及排水设计等内容无法通过路线的平面图、纵断面图表达清楚,还必须绘制路基路面及排水工程图。

**【实训 7-5】** 路基工程图的绘制。

路基是支承路面的土工构筑物,在挖方地段,路基是开挖天然地层形成的路堑;在填方地段,则是用压实的土石填筑而成的路堤。路堤又分为一般路堤、矮路堤、沿河路堤、护脚路堤、高填方路堤等;路堑又分为一般路堑、台口式路堑、半山洞等;半填半挖路基又分为一般半填半挖路基、护肩路基、挡墙路基和零填挖路基等。

典型横断面图主要用于反映在某一项道路工程中可能出现的路基形式、尺寸关系、边坡坡度以及防护形式等,路基横断面如图7-13所示,其绘制步骤如下:

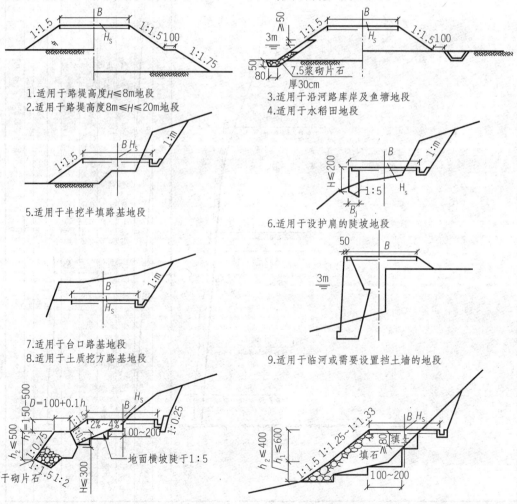

1. 适用于路堤高度 $H \leq 8m$ 地段
2. 适用于路堤高度 $8m \leq H \leq 20m$ 地段
3. 适用于沿河路库岸及鱼塘地段
4. 适用于水稻田地段
5. 适用于半挖半填路基地段
6. 适用于设护肩的陡坡地段
7. 适用于台口路基地段
8. 适用于土质挖方路基地段
9. 适用于临河或需要设置挡土墙的地段
10. 适用于陡坡地带需加固或收填方坡脚的地段
11. 适用于设置挡土墙的挖方地段
12. 适用于岩石地段的半填路基或跨越深沟的路堤

图 7-13　路基典型横断面

(1)确定公路中桩的位置。使用直线命令 LINE 用点划线绘制路基横断面的中心轴线。
(2)使用多段线绘制地面线和设计线。
(3)根据横断面设计线绘制行车道、路拱横坡和路肩横坡、路肩、边沟边坡、截水沟、护坡道等。
(4)根据道路实际情况绘制后进行标注。

路基横断面图的作用是表达各里程桩处道路标准横断面与地形的关系,包括路基的形式、边坡坡度、路基顶面高程、排水设施的布置情况、防护加固工程的设计情况以及该断面上的填挖工程量等。各里程桩横断面图的绘制步骤与典型横断面图类似,不同的是,在横断面绘制完成后,需要在该断面下方注明相关工程数量,如填挖高度、填挖面积以及加宽情况等。如图 7-14。

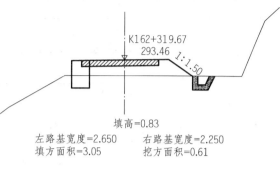

图 7-14 某里程桩处横断面图

路基横断面图中各桩号横断面图在图幅中的排列顺序应按桩号从下到上、从左到右进行排列。

【实训 7-6】 路面结构图的绘制。

公路设计所采用的路面结构主要有两类:一类是沥青路面,一类是水泥混凝土路面。在路面结构中,将直接位于路面面层之下的主要承重层称为基层,铺筑在基层下的次要承重层为底基层。在各类基层上铺筑沥青混合物面层后得到的路面结构称为沥青路面。下面以沥青路面结构图和水泥混凝土路面的施工缝构造图来说明公路路面结构图的绘制方法。

1. 路面结构图

路面结构图大样图,可以采用多段线命令绘制封闭的路面结构分割线,再使用填充命令选择适当的填充图,最后完成文字的标注。

图 7-15 所示沥青混凝土路面结构方案图绘制步骤如下:

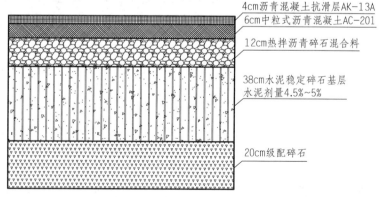

图 7-15 沥青混凝土路面结构方案图

(1)用多段线命令绘制沥青大样图结构的分界线。在多段线命令下设定线宽,根据实际长度绘制结构分界线。再使用偏移命令 OFFSET 进行偏移,偏移的尺寸分别为 4、6、12、38、20。

(2)将各结构层封闭后,用图案填充命令 BHATCH 选择合适的填充图案、角度、比例等完成图案填充。

(3)绘制引线并完成文字标注。

## 2. 水泥混凝土路面横向施工缝构造图

图 7-16 所示混凝土路面纵向和横向施工缝绘制步骤如下：

(1) 绘制混凝土路面的上下界线及填缝料。使用多段线命令 PLINE 或直线命令 LINE 配合偏移命令 OFFSET 绘制上下边界线以及填缝料。

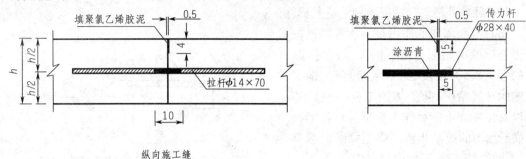

图 7-16　绘制水泥混凝土路面施工缝实例(尺寸单位:cm)

(2) 绘制折断线。使用直线命令在上下边界绘制，长出部分要对称于上下边界。然后继续用直线命令 LINE 在前面绘制直线的中部绘制恰当的锯齿线，再用修剪命令 TRIM 完成修剪，即可得到一侧的折断线，利用镜像命令 MIRROR，绘制出另一条折断线。

(3) 绘制纵向施工缝部位设置的钢筋及涂沥青的部位。用直线命令绘制施工缝（直线端点为路面上下边界线的中点），绘制成封闭的长度为 70 个单位、宽度为 2 个单位的矩形，再利用填充命令进行填充。

(4) 用标注尺寸命令标注图中所示尺寸，用文字命令进行文字标注。

【实训 7-7】　排水系统及防护工程图的绘制。

道路排水系统比较复杂，但排水系统是保证道路发挥其功能的必要设施。道路排水系统包括：地面排水系统和地下排水系统，前者包括边沟、排水沟、截水沟、跌水、急流槽等，后者包括明沟、暗沟、渗沟等。

道路排水系统工程图的作用主要是表达排水系统在全线的布设情况以及排水设施的具体构造和技术要求等。某道路排水系统设计图如图 7-17 所示。

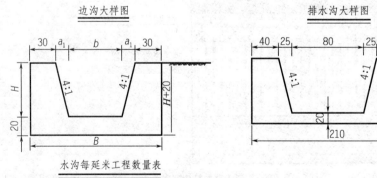

水沟每延米工程数量表

| 名称 | 40×40 | 40×60 | 60×60 | 60×80 |
|---|---|---|---|---|
| 底宽(cm) | 120 | 130 | 150 | 160 |
| 挖基土方($m^3$) | 0.9 | 1.36 | 1.52 | 2.1 |
| M7.5浆砌片石($m^3$) | 0.52 | 0.56 | 1.32 | 1.27 |
| M10砂浆抹面($m^2$) | 1.0 | 1.0 | 1.2 | 1.2 |

附注：
1. 本图尺寸单位均为cm；
2. 石砌边沟与分隔墙施工时必须衔接好，若与实地不符，施工时应予以调整。

图 7-17　排水系统设计图示例

## 任务四 路线平面交叉图及标志标牌设计图

道路与道路或其他设施如铁路、管线等相交时所形成的共同空间称为道路交叉。道路交叉根据其空间形式可以分为平面交叉和立体交叉两大类型。与此同时,为了有效地组织和疏导交通,在道路沿线必须设置必要的标志标牌,其设置位置和图示必须按照《道路交通标志和标线》(GB 5768—2009)的规定来设计。

【实训 7-8】 平面交叉的绘制。

平面交叉就是将相交各道路的交通流组织在同一平面内的道路交叉形式,按照道路的联结性质,可以分为:"十"字形交叉、"X"形交叉、"T"形交叉、"Y"形交叉、错位交叉和多路口复合交叉等,如图 7-18 所示。

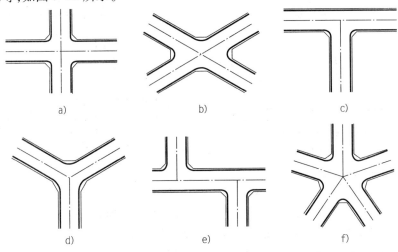

图 7-18 平面交叉的形式
a)十字形交叉;b)X 形交叉;c)T 形交叉;d)Y 形交叉;e)错位形交叉;f)复合形交叉

由于道路交叉的交通状况、构造和交通工程等均比较复杂,所以道路交叉工程图除了平面图、纵断面图和横断面图之外,一般还包括竖向设计图、交通组织图和鸟瞰图等。绘制道路交叉设计图时,应先根据图幅大小,确定适当的比例,并将图形布置在适当的平面位置上,然后根据设计要求,确定主骨架,再进行细节的绘制。

绘制如图 7-19 所示的环形十字交叉口路线平面图步骤如下:

(1)绘制十字中心线。使用直线命令 LINE 绘制十字中心线,选择线型为点划线。启动"格式"菜单中的"线型"命令,打开"线型管理器"对话框,选择需要的线型,如没有需要的线型,需点取"加载"按钮后,选择"可用线型"选项卡中的"ACAD_ISO4W100"线型,如图 7-20 所示。单击确定即可。在建立图层绘图时可直接在工具栏中选取需要的线型进行绘图。

(2)绘制十字路边线。选择实线线型并使用多段线命令 PLINE 绘制,两边对称于中心线,水平和竖直边线之间的间距均为 40 个单位,线宽为 1 个单位,如图 7-21 所示。

(3)绘制环形交叉路线的圆环。在图 7-21 的基础上,绘制圆环,圆环的内径为 58 个单位,外径为 60 个单位,线宽为 1 个单位,中心在中心线的交点处。然后使用偏移命令 OFFSET 绘制另外两个圆环(行车道分界线),其偏移距离各为 20 和 37.5 个单位。

(4)使用正多边形命令 POLYGON 绘制上一步完成的大圆的外切正方形,如图 7-22 所示。注意中心在中心线的交点处,四角都落在路线中线上。用多段线编辑命令将正方形线宽修改为1个单位,使用修剪命令 TRIM 修剪十字中心多余的多段线。

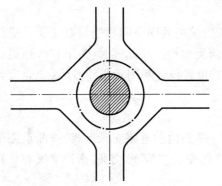

图 7-19 环形十字交叉实例

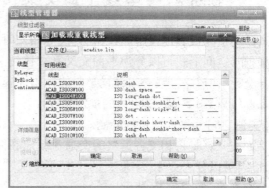

图 7-20 加载"ACAD_ISOW100"线型

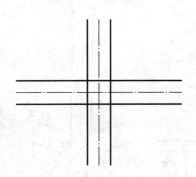

图 7-21 绘制十字边线

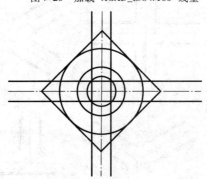

图 7-22 绘制同心圆环和正切四边形

(5)完善环形交叉口绘制。用圆角命令 FILLET 输入合适的半径,将不相交的相邻道路圆滑地连接。利用"修改/特性"命令,将行车道的分割线改为虚线,将中心岛内使用图案填充命令用阴影线填充。

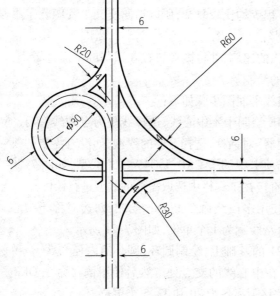

图 7-23 立交桥平面图实例

完成后,可以得到图 7-19 所示环形十字交叉平面图。

【实训 7-9】 立交桥的绘制。

立体交叉是将各冲突点的各向车流组织在空间的不同高度上,使各向车流分道行驶,从而保证各向车流在任何时间都连续行驶,提高交叉口处的通行能力和安全舒适性。因此,立体交叉的设计比平面交叉要复杂得多。立体交叉一般由相交道路、跨线桥、匝道、通道和其他附属设施组成。

绘制如图 7-23 所示的立交桥平面图的步骤如下:

(1)绘制路中线和两条主干道。同样在线型管理器中选择线型,根据图上的标示使用多段线命令绘制,两边对称于中心线,水平和竖直边线之间的间距为 6 个单位。绘制时可以灵活使用偏移命令 OFFSET 来绘制道路的边线。

（2）绘制分路。根据图 7-23 所示，匝道绘制采用圆命令 CIRCLE 的"相切、相切、半径"方式绘制。

（3）完善图形。绘制分支后使用修剪命令 TRIM 进行修剪。

（4）灵活使用标注命令完成个部分标注。

【实训 7-10】 交通标志标牌的绘制。

交通标志标牌是在道路两侧或上方设置的用于引导、约束和规诫的设施。交通标志一般分为三类：指示标志、警告标志和禁令标志，如图 7-24 所示。所有的标志标牌的设计必须按照《道路交通标志和标线》(GB 5768—2009)的规定进行。

图 7-24 交通标志标牌示例
a)指示标志；b)警告标志；c)禁令标志

## 任务五  桥梁工程制图

【实训 7-11】 桥梁总体布置图的绘制。

总体布置图主要表明桥梁的形式、跨径、孔数、总体尺寸、各主要构件的相互位置关系、桥梁各部分的高程、材料数量及总体技术说明等，作为施工时确定墩台位置、安装构件和控制高程的依据。

总体布置图还需反映河床地质断面及水文情况，根据高程尺寸可以知道桥台和基础的埋置深度、梁底、桥台和桥面中心的高程尺寸。下面将以梁桥为例进行介绍。

梁桥是一种在竖向荷载作用下无水平反力的结构，常见的有钢筋混凝土简支梁、连续梁桥等。梁桥的总体布置图由立面图、平面图、横断面图组成，一般为半剖面图，如图 7-25、图 7-26 所示。

1. 立面图的绘制

立面图包括桥台、桥墩、扩大基础、盖梁、主梁、栏杆、桥面铺装、搭板、锥坡、地面线、地质剖面图等内容。绘制过程采用半立面和半立剖面相结合的方式。

一般来讲，无论是梁桥还是拱桥，其立面图多为具有对称性、重复性的图形，所以绘图也可灵活使用 AutoCAD 提供的复制、阵列、镜像等绘图方法。需要注意的是，在绘图过程中应结合桥台图、桥墩图、主梁一般构造图、附属结构图来确定结构的具体尺寸。另外，在路桥工程制图中，当存在土体遮挡时，通常将土体看作是透明体而直接将被遮挡的结构部分用虚线绘制出来。

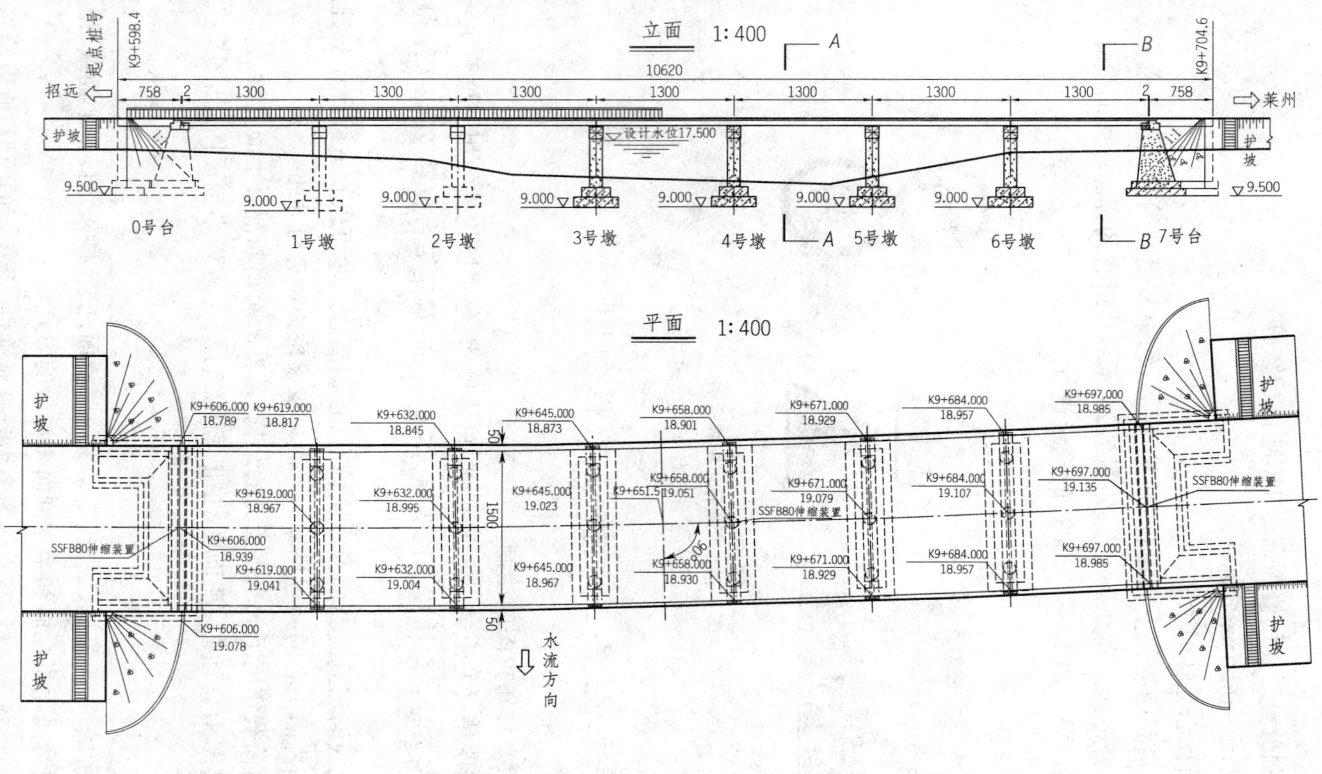


| 里程桩号(m) | K9 +606 | +619 | +632 | +645 | +651.5 | +658 | +671 | +684 | +697 |
|---|---|---|---|---|---|---|---|---|---|
| 设计高程(m) | 18.939 | 18.967 | 18.995 | 19.023 | 19.036 | 19.051 | 19.079 | 19.107 | 19.135 |
| 地面高程(m) | 16.213 | 15.738 | 14.815 | 13.656 | 13.469 | 13.248 | 13.694 | 16.156 | 16.343 |
| 坡度(%) / 坡长(m) | 0.215 / 680 | | | | | | | | |
| 直线及平曲线(m) | JD10α(左)-24° 39′ 14.7″ R-800 T-260.12 | | | | | | | | |

图 7-25 梁桥总体布置图(一)

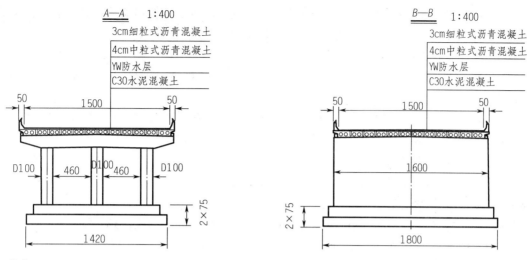

说明:
1. 本图尺寸除桩号、高程以米计外,其余均以厘米为单位。
2. 设计荷载:公路-Ⅰ级。
3. 本桥上部采用装配式空心板,下部采用U形桥台、柱式桥墩、扩大基地,路线纵坡及桥面横坡均通过墩、台身及垫石调整。
4. 该桥处于缓和曲线上,曲线半径为800m,各跨按径向布置。
5. 该桥在桥台及4号墩处设SSFB80伸缩装置。
6. B—B图中锥坡未示出。
7. 桥台、桥墩的基底应落在岩层上。

图7-26 梁桥总体布置图(二)

立面图绘制的具体步骤如下:

(1)先画出桥墩和桥台的中轴线,构造辅助线,以便进行尺寸定位。构造辅助线宜在单独图层中绘制。

(2)用LINE命令绘制桥台、主梁、桥墩,在参照桥台构造图的情况下,可使用"相对坐标"或"构造辅助线"与"捕捉对象"工具相结合的方法进行绘制。绘制出的梁桥左半部分如图7-27所示。绘制完左半部分后,可以使用镜像命令MIRROR完成右半部分的绘制。

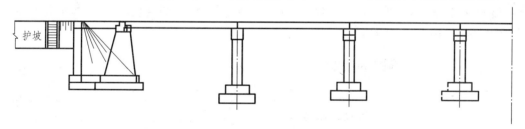

图7-27 绘制好的梁桥左半部分(带辅助轴线)

(3)绘制栏杆:先绘出栏杆的一根,然后先采用阵列命令ARRAY复制,再用修剪命令TRIM进行剪修,绘出孔上的栏杆。

(4)用边界填充命令BHATCH填充剖面,在填充剖面时,所选区域应是闭合的。

(5)绘制地面线:用直线命令LINE绘制多段直线表示地面线。地面线的绘制应根据实测坐标完成。

(6)整饰图形:将立面图中被土体遮挡的部分改为虚线。

2. 平面图的绘制

平面图包括:桥面系、盖梁、支座、扩大基础、桥台、桥墩、锥坡、道路边坡等在平面的投影图。平面图绘制可以采用半平面、半剖面的方式,也可以将上部构造看作是透明体,将下部构造用虚线表达在同一位置。平面图的具体绘图步骤如下:

(1)绘制全桥的中轴线和构造辅助线。

(2)用 LINE 命令绘制平面图的上部构造,反映桥面、锥坡、道路边坡的情况,该部分因可以直接观察,故用实线绘制。

(3)用直线命令 LINE 和圆命令 CIRCLE 绘制平面图的下部构造,反映墩台在平面上的投影情况。该部分因被桥面遮挡,故使用虚线绘制。

3. 横断面剖面图 $A—A$、$B—B$ 的绘制

横断面剖面图主要用于反映桥墩和桥台的总体尺寸和构造形式,同时也可以反映出桥面梁板的构造形式等,其具体的绘图步骤如下:

(1)用直线命令 LINE 绘制桥墩基础、墩柱、盖梁及墩柱的中轴线,构造辅助线。

(2)将绘制好的桥墩、桥台用创建块命令 BLOCK 定义为块,以便后面绘制相关图形时直接调用图块。

(3)绘制边板、中板并定义块,对边板可以用镜像命令 MIRROR 进行复制,对中板可以用复制命令 COPY 或阵列命令 ARRAY 复制。

(4)用直线命令 LINE 绘制栏杆和桥面,并对桥面绘制剖面线。

4. 标注

在预先设置好的"标注样式"中选择需要的样式,在标注图层内进行标注。在标注时可以灵活使用"连续标注"、"基线标注"、"标注更新"和"编辑标注文字"等。

5. 文字输入

从预先设置好的"文字样式"中选择需要的样式,用多行文字命令 MTEXT 输入即可,文字的大小设置参见前面章节的说明。

【实训 7-12】 桥梁结构图的绘制。

在总体布置图中,桥梁的很多构件都无法完整详细地表达出来,为了能达到指导制作和施工的目的,还必须根据总体布置图将桥梁的一些细部构造的形状、尺寸采用较大的比例尺表达出来,这种图称为构件结构图,包括梁板图、桥墩图、桥台图、栏杆图等。绘制构件的常用比例尺为(1:10)~(1:50)。

## 一、桥梁上部结构图的绘制

桥梁上部结构是在线路中断时跨越障碍的主要承重结构,是桥梁支座以上跨越桥孔的总称。它主要包括桥跨结构和桥面构造两部分。某 T 形梁桥上部结构如图 7-28 所示。

1. 新建文件和设置绘图环境

利用预先做好的模板新建文件,并根据实际情况进行绘图界限更改,添加图层、图块、文字样式、标注样式等内容,建立新的绘图环境。

2. 绘制过程

上部结构图包括主梁(边梁和中梁)的立面图、平面图、横断面图三部分,另外还包括必要的文字说明以及工程数量表等。

(1)立面图绘制

立面图包括:翼缘板、肋板、横隔板、马蹄在跨中和边缘的大小及过渡方式、理论支撑线的位置。该梁体的立面图为对称和重复性较多的线条平面图形。绘制的过程如下:

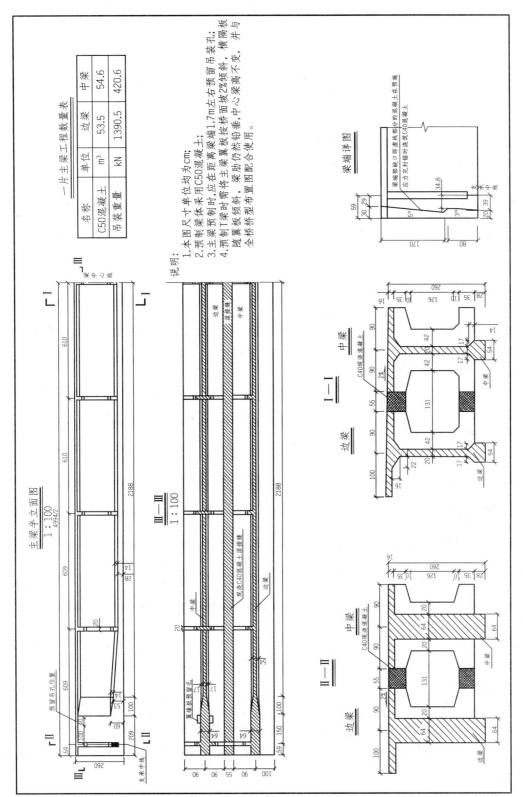

图 7-28 T 梁一般构造图

①绘制支座、临时支座中心线、桥墩中心线、背墙前缘线、横隔板中心线。

②在绘图时,应注意考虑用辅助线、偏移命令 OFFSET 等命令组合。在应用辅助线时,最好将辅助线绘在单独的图层内,完成后采用将该图层"冻结"即可。

(2)平面图绘制

平面图包括:翼缘板的湿接缝,桥面、梁肋、横隔板在平面上的投影。一般情况下,为了能更好地反映实际情况,平面图采用剖面图来表达。绘图过程如下:

①绘制各片主梁平面图中心线、辅助线。

②在绘制平面图的时候,应充分利用立面图与平面图之间的投影关系进行绘制。

③用填充命令 BHATCH 进行填充。

(3)横断面图的绘制

横断面图包括主梁、横隔板、桥面铺装层、湿接缝、混凝土防撞护栏、主梁端部的封头部分。绘制过程如下:

①绘制各片主梁的辅助线(中线)。

②绘制中梁中的一片后,运用 COPY 命令将另外一片主梁绘出。

③用填充命令 BHATCH 进行填充。

(4)标注

在预先设置好的"标注式样"中选择需要的式样,在标注图层内进行标注。在标注时注意使用"连续标注"、"基线标注"、"标注更新"和"编辑标注文字"命令。由于桥面铺装有多层,为了表示清楚需要采用引线标注。

(5)文字输入

从设置好的"文字样式"中选择需要的样式,用多行文字命令 MTEXT 输入即可,文字大小的设置参见前面章节的说明。

(6)表格的绘制

表格绘制可以使用表格命令 TABLE 完成,使用前可以先设置表格样式。

## 二、桥梁下部结构图的绘制

桥梁下部结构包括桥墩、桥台和基础。

### 1. 桥墩构造图的绘制

桥墩是支承上部结构并将其传来的恒载和车辆等活载再传至地基上,且设置在桥梁中间位置的结构物。桥墩构造图包括立面图、平面图和侧面图三部分。某桥墩构造图如图 7-29 所示。

绘制桥墩构造图,首先也是利用预先做好的模板新建文件,并根据实际情况建立新的绘图环境,然后按以下步骤绘制:

(1)绘制立面图

立面图包括:盖梁、桥墩、钻孔桩、挡块。绘制过程如下:

①先绘制全桥、桥墩、钻孔桩及盖梁的中心线和构造辅助线。

②绘制梁板、桥墩、钻孔桩的轮廓线。由于钻孔桩的长度较大可以使用折断线来表达桩长,但必须在桩底和桩顶加注高程。

(2)绘制平面图

平面图包括:全桥、梁板、桥墩、钻孔桩、支座的中心线。

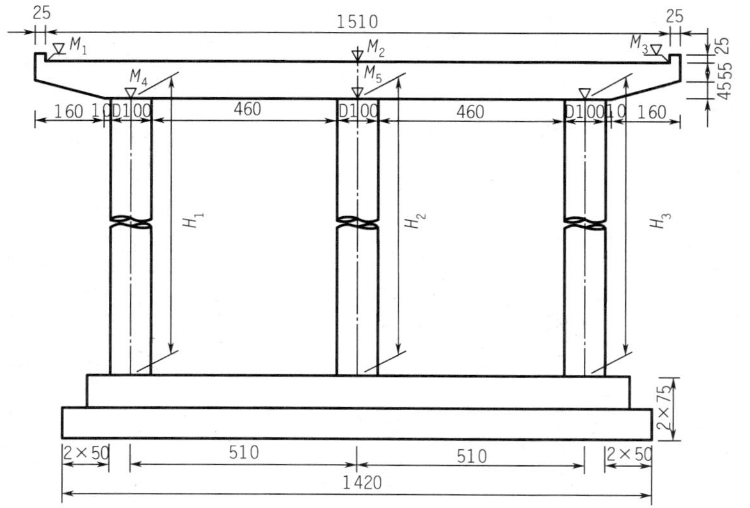

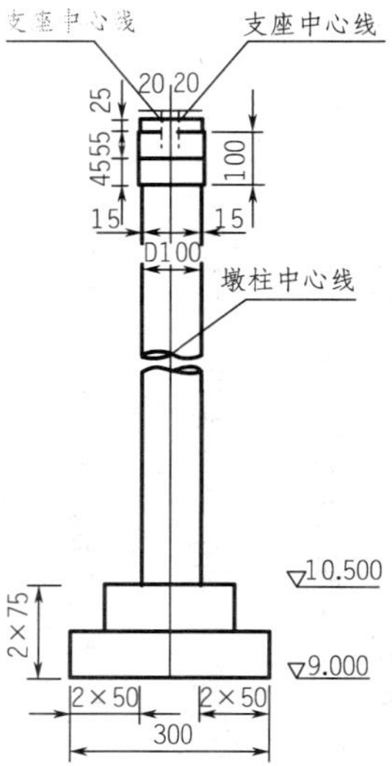

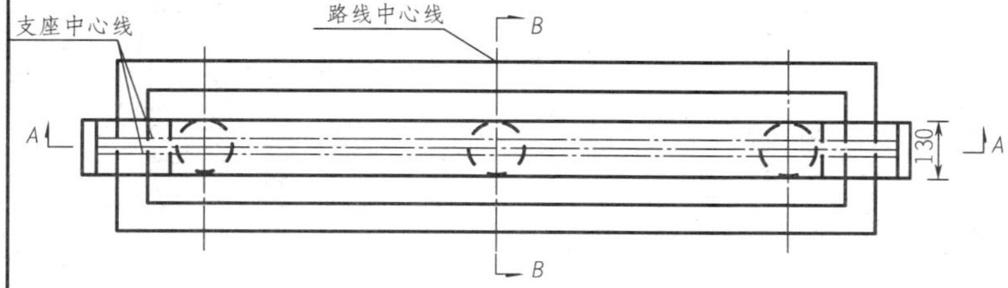

## 桥墩尺寸参数表

| 位置 墩号 | $H_1$(cm) | $H_2$(cm) | $H_3$(cm) | $H_4$(cm) | $H_5$(cm) | $H_6$(cm) | $H_7$(cm) | $H_8$(cm) | $H_9$(cm) |
|---|---|---|---|---|---|---|---|---|---|
| 1号墩 | 18.022 | 18.135 | 18.248 | 17.051 | 17.135 | 17.219 | 6551.1 | 663.5 | 671.9 |
| 2号墩 | 18.051 | 18.130 | 18.210 | 17.071 | 17.130 | 17.189 | 657.1 | 633.0 | 668.9 |

说明：
1. 本图尺寸除高程以m计外，其余均以cm为单位；
2. 盖梁顶为台阶式平面，其构造详见《桥墩支座布置》；
3. 盖梁、支座垫石采C30混凝土。
4. 设计容许地基承载力为250kPa。

图 7-29 桥墩的一般构造图

①绘制全桥、盖梁、支座的中心线。
②用 LINE 和 PLINE 命令绘制桥墩、盖梁、挡块。
(3)绘制侧面图
侧面图包括：盖梁、桥墩、钻孔桩、挡块。
①绘制桥墩、钻孔桩的中心线。
②用 LINE 和 PLINE 命令绘制桥墩、梁板、挡块。
在绘图时应使用相对坐标，也可参照点偏移的方法。
(4)尺寸标注和高程的标注
在先设置好的"标注式样"中选择需要的样式，在标注图层内进行标注。在标注时注意使用"连续标注"、"基线标注"、"标注更新"和"编辑标注文字"命令。
(5)表格的绘制
表格绘制可以使用表格命令 TABLE 完成，使用前可以先设置表格样式。
(6)输入文字
从设置好的"文字样式"中选择需要的样式，用多行文字命令 MTEXT 输入即可，文字的大小设置参见前面的说明。

2. 桥台构造图的绘制

桥台是支承上部结构并将其传来的恒载和车辆等活载再传至地基上，且设置在桥梁两端的结构物。桥台还有与路堤相衔接、抵御路堤土压力、防止路堤填土塌落的作用。桥台按其形式可划分为重力式桥台、轻型桥台、框架桥台、组合式桥台和承拉桥台。

绘制桥台构造图前同样应先新建文件并设置绘图环境，以重力式桥台为例，其构造图包括：盖梁、背墙、耳墙、搭板、挡块、支座垫石、肋板、扩大基础、材料数量表等，如图 7-30 所示。绘制步骤如下：

(1)立面图的绘制
①绘制桥台肋板中心线、扩大基础中心线，对总体进行控制。
②在绘图过程中要灵活运用偏移命令 OFFSET 和复制命令 COPY 提高绘图的速度。
(2)平面图的绘制
①绘制肋板中线、主要控制辅助线（注意辅助线在单独图层内绘制）。
②绘制耳墙、盖梁、垫石、肋板、扩大基础等在平面的投影，在绘图时可利用立面图与平面图的投影关系，作辅助线控制绘图，也需要运用偏移命令 OFFSET 和复制命令 COPY 来提高绘图效率。
(3)侧面图的绘制
①先绘制盖梁和支座中心线，构造主要控制辅助线。
②利用"相对坐标"、OFFSET 等命令来提高绘图的速度。
(4)尺寸标注和高程的标注
在先设置好的"标注样式"中选择需要的样式，在标注图层内进行标注。在标注时注意使用"连续标注"、"基线标注"、"标注更新"和"编辑标注文字"等命令。
(5)材料数量表
①用图表命令 TABLE 绘制出需要的表格或用 Excel 来制作。
②用 Excel 编辑图表时直接在 Excel 中输入即可，如果文字式样不同，可在转化为 AutoCAD 图元后再进行改换。

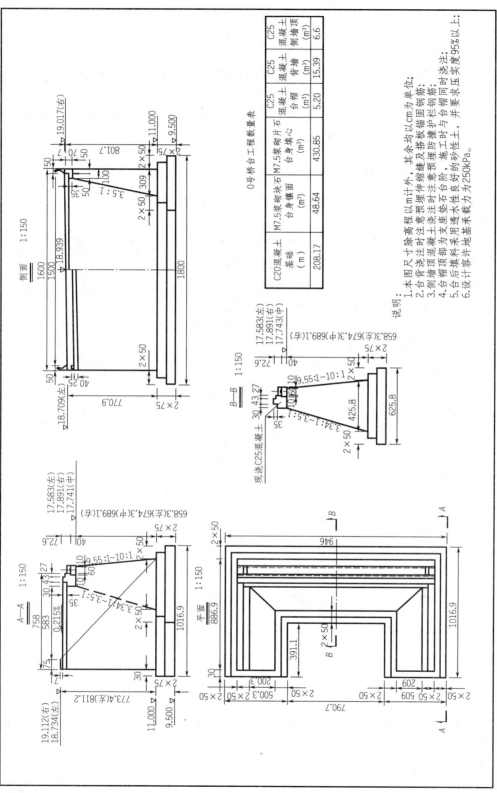

图 7-30 桥台的一般构造图

(6)文字说明

从设置好的"文字样式"中选择需要的样式,用多行文字命令 MTEXT 输入即可,文字的大小设置参见前面章节的说明。

3. 基础构造图的绘制

基础是桥墩和桥台底部的奠基部分,承担了从桥墩和桥台传来的全部荷载,并且要保证上部结构按设计要求能产生一定的变位。

在桥墩和桥台图中,已经对扩大基础和桩基础进行了绘制。具体的绘制见桥墩、桥台构造图的绘制。

### 三、桥梁附属结构图的绘制

桥梁的附属设施包括桥梁与路堤衔接处的桥头搭板和锥形护坡等。

1. 桥头锥坡构造图的绘制

锥形锥坡又称锥坡,是当桥(涵)台布置不能完全挡土或采用埋置式、桩式、柱式桥(涵)台时,为了保护桥(涵)两端路堤土坡稳定、防止冲刷所设置的半圆锥形的护坡。锥坡的横桥向坡度与路堤边坡一致,顺桥向坡度应根据填土高度、土质情况,结合设计水位和铺砌与否来决定。桥头锥坡构造图如图 7-31 所示。其绘制过程如下:

(1)绘制立面图

立面图包括:桥台、基础、锥坡三部分。

①绘制桥跨中心线、桥台肋板中心线和构造辅助线。

②用 LINE 和 PLINE 命令绘制桥台、基础、锥坡及锥坡坡脚。

(2)绘制平面图

平面图包括:桥台、基础、锥坡、道路边坡等。

①绘制桥跨的中心线和构造辅助线。

②绘制锥坡、耳墙、道路边坡。

(3)绘制侧面图

侧面图包括:桥台、基础、锥坡示坡线等。

根据实际的情况,只需要将构造和尺寸表达清楚,可以不按比例尺进行绘制。铺砌的片石和砂砾垫层可以用填充命令来完成。

(4)尺寸和高程的标注

在先设置好的"标注样式"中选择需要的样式,在标注图层内进行标注。在标注时注意使用"连续标注"、"基线标注"、"标注更新"和"编辑标注文字"命令。

①用图表命令 TABLE 绘制出需要的表格或用 Excel 来制作。

②用 Excel 编辑图表时直接在 Excel 中输入即可,如果文字式样不同,可在转化为 AutoCAD 图元后再进行改换。

(5)文字说明

从设置好的"文字样式"中选择需要的样式,用多行文字命令 MTEXT 命令输入即可,文字的大小设置参见前面章节的说明。

2. 桥头搭板的绘制

桥头搭板是为保证行车平顺,在桥台后和道路面板之间设置的构造物。桥头搭板构造图包括立面图、平面图、大样图和说明等,如图 7-32 所示。桥头搭板绘制过程如下:

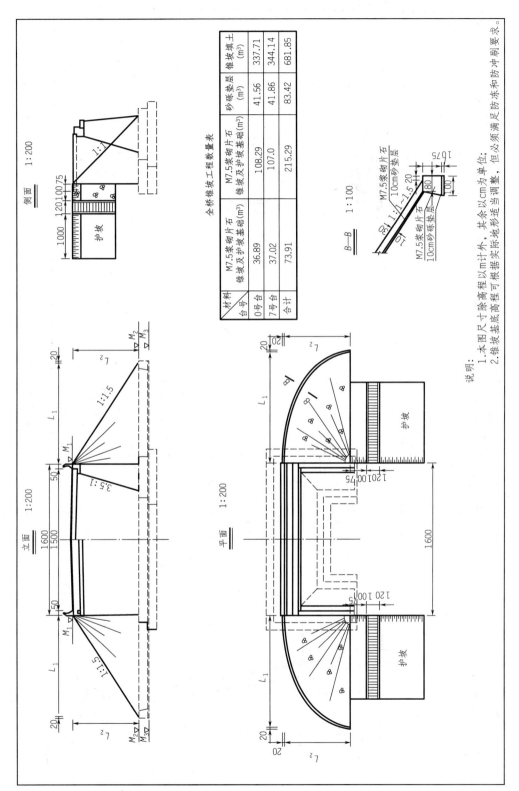

图 7-31 锥坡的一般构造图

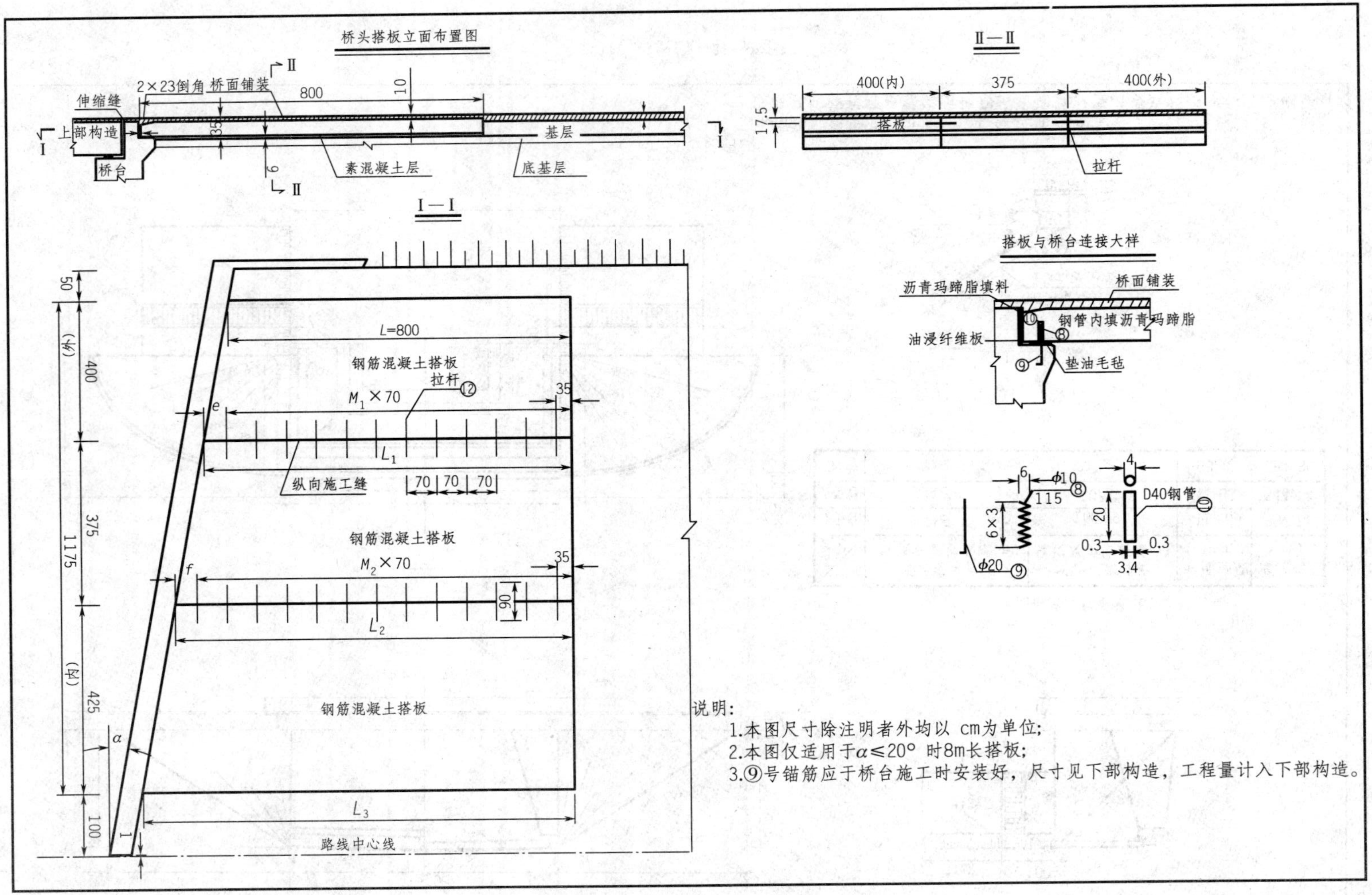


说明:

1.本图尺寸除注明者外均以 cm为单位;

2.本图仅适用于$\alpha \leqslant 20°$ 时8m长搭板;

3.⑨号锚筋应于桥台施工时安装好，尺寸见下部构造，工程量计入下部构造。

图7-32　桥头搭板构造图

（1）绘制立面图

立面图包括桥面、伸缩缝、桥台、支座、搭板、路面板、牛腿与搭板间的锚固栓钉、搭板与路面板间的拉杆。绘制此图时为了能清楚表达牛腿与搭板的构造，可将耳墙视为透明。

①用 LINE 或 PLINE 命令绘制桥面、伸缩缝、桥台、支座、搭板、路面板。

②用 BHATCH 命令进行填充。

（2）绘制平面图

平面图包括：桥面板、护栏、桥台、搭板、路面板。

①用 LINE 或 PLINE 命令绘制桥面板、护栏、桥台、搭板、路面板。

②将牛腿与搭板间的锚固栓用小圆圈表示，拉杆用黑粗实线表示。

（3）绘制大样图

大样图是详细表述结构中某些重要部位的图，图上注有具体尺寸、构造细节和特殊要求，在现场即凭此进行具体放样和组织施工，只绘出重要部位即可，绘制方法同前。

【**实训 7-13**】 桥梁钢筋构造图的绘制

用钢筋混凝土制成的板、梁、桥墩和桩等构件组成的结构物，称为钢筋混凝土结构。为了把钢筋混凝土结构表达清楚，需要画出钢筋结构图，又称钢筋布置图。钢筋结构图表示了钢筋的布置情况，是钢筋断料、加工、绑扎、焊接和检验的重要依据。一般来讲，钢筋结构图应包括钢筋布置、钢筋编号、尺寸、规格、根数、钢筋成型图和钢筋数量表及技术说明。

钢筋结构图主要是表达构件内部钢筋的布置情况，因此，在作图时把混凝土假设为透明体，结构外形轮廓画成细实线，钢筋则画成粗实线，以突出钢筋的表达。而在断面图中，钢筋被剖切后，用小黑圆点表示，钢筋重叠时可用小圆圈来表示。钢筋弯钩和净距的尺寸都比较小，画图时不能严格按比例来画，以免重叠。要考虑适当放宽尺寸，以清楚为度，称为夸张画法。同理，在立面图中遇到钢筋重叠时，亦要放宽尺寸使图面清晰。为使图面更加清晰，在绘制钢筋结构图时，3 个视图不一定都画出来，可根据具体情况决定绘制哪些视图。

## 四、各种钢筋大样图的绘制

在钢筋结构图中，为了能充分表明钢筋的形状以便于配料和施工，必须画出每种钢筋的加工成型图，并在图上注明钢筋的符号、直径、根数、弯曲尺寸、断料长度及一些特殊的要求等，称为钢筋大样图或施工详图。钢筋的编号和尺寸标注方式如下：

一幅图中的钢筋编号可以从 1 号开始，同种钢筋在不同图中其编号应相同。某段钢筋的长度用数字标注在钢筋的左侧或上面，钢筋的下料长度按图 7-33 所示的方式标注在钢筋符号的下面。

图 7-33 所示的钢筋大样图中⑨表示 9 号钢筋，8φ8 表示 8mm 直径的 9 号钢筋共 8 根，132.8 表示钢筋的下料长度为 132.8cm；54.6 和 13.6 分别表示各自的边长。弯钩的具体要求如图 7-34 所示。

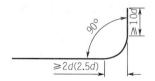

图 7-33 钢筋大样图

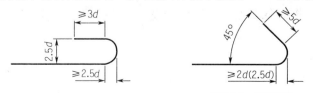

图 7-34 钢筋弯钩

### 五、板钢筋构造图的绘制

桥梁的类型很多,包括实心矩形板、空心板、T形梁等,一般的钢筋构造图包括立面图、平面图、横断面图、钢筋大样图、钢筋数量表等。某空心板钢筋构造图如图7-35所示,其绘制过程如下:

1. 新建文件和设置绘图环境

利用预先做好的模板新建文件,并根据实际情况进行绘图界限更改,添加图层、图块、文字式样、标注式样等内容,建立新的绘图环境。

2. 绘制立面图

立面图包括:预应力钢筋、主受力钢筋、箍筋、架立钢筋、水平纵向钢筋。

(1)绘制空心板的立面图中心线和构造辅助线。

(2)考虑绘图空间和图形重复性的原因,可使用折断线。在绘图时,可使用 COPY、OFFSET 或 ARRAY 命令来提高绘图速度。

3. 绘制平面图

平面图包括空心板的顶板和底板钢筋。

(1)用立面图和平面图的对应关系确定基本辅助线。

(2)绘制顶板钢筋:绘图时使用 OFFSET 和 ARRAY 命令画出;按照边板、中板的一般构造图,结合立面图和横断面图进行修改。

(3)底板钢筋:通过 OFFSET、LINE、MIRROR、TRIM 命令组合完成绘制。

4. 绘制横断面图

横断面图包括空心板梁轮廓线、顶板和底板钢筋、箍筋、水平架立钢筋。

(1)使用构造辅助线绘出外框图。

(2)在钢筋图层内绘制钢筋的横断面,可以使用 BLOCK 命令定义块,绘图过程中随时可以在图形内使用 INSERT 命令调用。

5. 绘制图表

绘制方法同前。

6. 标注尺寸和钢筋符号

在先设置好的"标注样式"中选择需要的样式,在标注图层内进行标注。在标注时注意使用"连续标注"、"基线标注"、"标注更新"和"编辑标注文字"命令。

钢筋标号按前述的方法标注。

7. 文字的输入

首先定义好文字样式,从中选择需要的式样,用 MTEXT 命令输入文字即可。

### 六、灌注桩钢筋构造图的绘制

灌注桩钢筋构造图包括钢筋立面图、横断面图、钢筋大样图、材料数量表、说明等。某灌注桩钢筋构造图如图7-36所示,其绘图过程如下:

1. 绘制立面图

钢筋立面图包括受压钢筋、箍筋。

(1)绘制钢筋混凝土桩轮廓线,进行整体控制。

(2)用 LINE 或 PLINE 命令绘制钢筋。

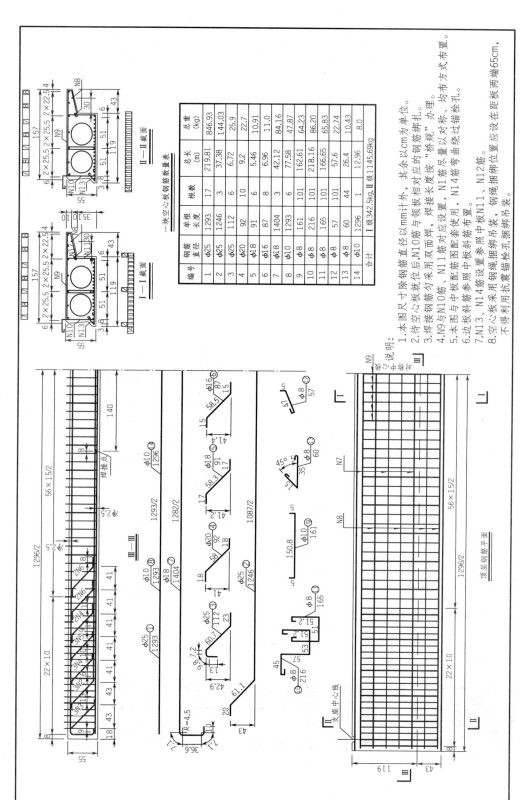

图7-35 空心板钢筋构造图

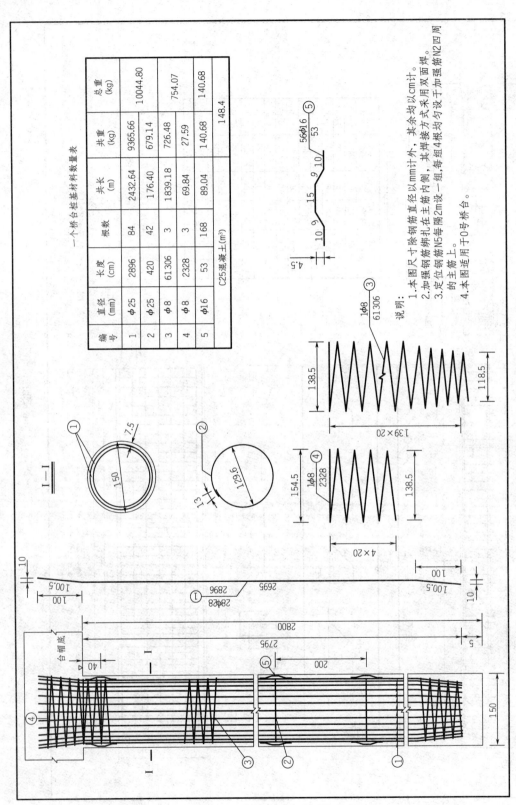

图 7-36 灌注桩钢筋构造图

2.绘制横断面图

由于钢筋混凝土桩的上部受压钢筋和下部的数量不同,绘制时需分别表示。

(1)绘制钢筋混凝土桩的轮廓线。

(2)用 CIRCLE 或 PLINE 命令绘制箍筋。

3.绘制钢筋大样图

使用 LINE 或 PLINE 命令将每根钢筋单独画出来,并详细注明加工尺寸,绘制方法同前。

4.材料数量表

使用 TABLE 命令完成材料数量表的绘制,方法同前。

5.注解文字的输入

从设置好的"文字样式"中选择需要的"式样",用 MTEXT 命令输入即可,文字的大小设置参见前面的说明。

# 参 考 文 献

[1] 翔虹. AutoCAD 技术中心. AutoCAD 2006 中文版实用教程—基础篇[M]. 北京:人民邮电出版社,2006.

[2] 张立明,韩清丽,王晓峰. AutoCAD 2006 道桥制图[M]. 北京:人民交通出版社,2006.

[3] 李磊,李雪. AutoCAD 2006 三维图形设计[M]. 北京:清华大学出版社,2006.

[4] 任爱珠,张建平. 土木工程 CAD 技术[M]. 北京:清华大学出版社,2006.

[5] 刘松雪,樊琳娟. 道路工程制图[M]. 北京:人民交通出版社,2002.

[6] 中华人民共和国国家标准. GB/T 18229—2000 CAD 工程制图规则[S]. 北京:中国标准出版社,2000.

[7] 汪谷香. 道路工程制图与 CAD[M]. 北京:人民交通出版社,2010.